# ESSENTIAL ELEMENTS PARA CUERDAS

**MÉTODO COMPRESIVO PARA INSTRUMENTOS DE CUERDAS**

MICHAEL ALLEN • ROBERT GILLESPIE • PAMELA TELLEJOHN HAYES
ARREGLOS DE JOHN HIGGINS

**Traducido al español por Vilma Peguero y Dr. Angela Holguin-Veras**

***¡FELICIDADES!*** Has tomado una de las decisiones más gratificantes de tu vida al unirte a la orquesta. La clave para tener éxito con *Essential Elements for Strings* es tu compromiso con la práctica diaria. Cada vez que aprendes una nueva nota, cuentas un nuevo ritmo o tocas una melodía con un amigo, tú te conviertes en un músico más completo. A medida que continúes desarrollando tus habilidades, te darás cuenta de la gran cantidad de oportunidades que estarán disponibles en el futuro. Los músicos pueden enseñar, interpretar, dirigir, o componer. No importa la profesión que elijas, siempre habrá oportunidades disponibles para ti. Puedes tocar en orquestas comunitarias, cívicas o de iglesia, asistir a conciertos y convertirte en un defensor de las artes. Ya sea que elijas la música como vocación o afición, esperamos que se convierta en una parte importante de tu vida. Estamos encantados de darte la bienvenida a nuestra familia orquestal y te deseamos lo mejor para toda una vida de éxito musical.

## HISTORIA DEL VIOLÍN

La familia de los instrumentos de cuerda incluye el violín, la viola, el violonchelo, y el contrabajo. El violín se remonta al siglo XVI. Los primeros antecesores del violín fueron el *rebab* árabe y el *rebec*, populares entre los siglos XIV y XVI. Durante el siglo XVI, existían dos tipos de violas: la *viola da gamba*, que se tocaba sobre las rodillas, y la *viola da braccia*, que se tocaba sobre el hombro.

Gasparo da Salò, un italiano fabricante de instrumentos desarrolló el violín moderno durante el siglo XVI. El establecimiento del diseño del violín actual es atribuido a Da Salò y a Nicolo Amati, y este diseño ha perdurado con solo unos pocos cambios menores. Antonio Stradivari, así como las familias Guarneri y Guadagnini, fueron famosos fabricantes de instrumentos de los siglos XVII y XVIII, y sus violines todavía se utilizan hoy en día.

Casi todos los compositores han escrito música para el violín, incluidos Johann Sebastian Bach, Ludwig van Beethoven y Piotr Ilich Chaikovski. Entre los intérpretes de violín más famosos se encuentran Midori, Isaac Stern, Stéphane Grappelli, Itzhak Perlman, Jascha Heifetz, Joshua Bell, Mark O'Connor, Hilary Hahn y Nicola Benedetti.

Para crear una cuenta, visita:
**www.essentialelementsinteractive.com**

Codigo de activacion de estudiante
E1VN-ES88-8514-4470



ISBN 979-835012074-5

# EL VIOLÍN

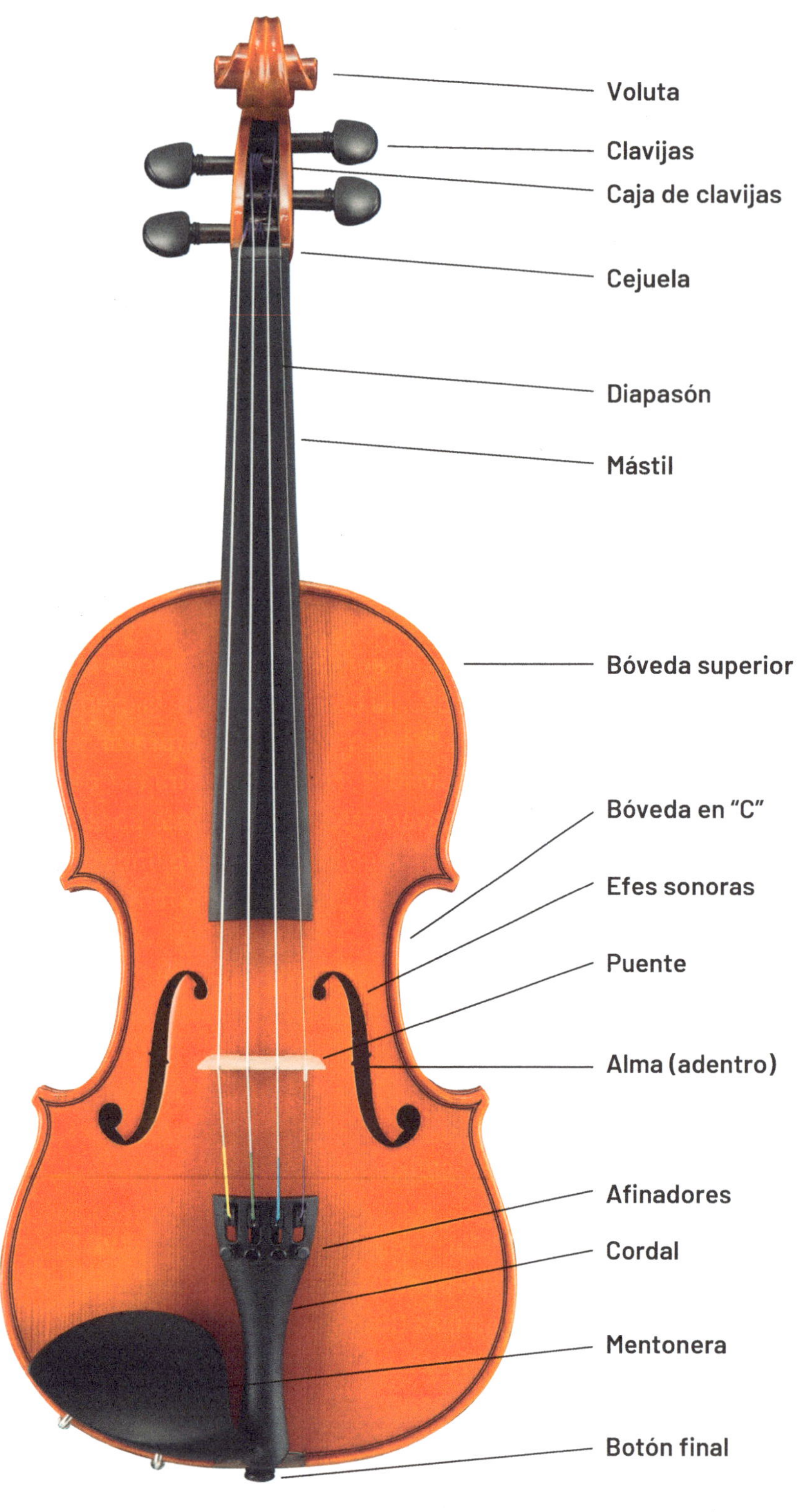


## Cuida Bien tu Instrumento

Los instrumentos de cuerda son delicados. Sigue las indicaciones de tu profesor para cuidarlo correctamente, y te durará toda la vida.

- Sigue las instrucciones de tu profesor al sacar el instrumento del estuche.
- Protege tu instrumento del calor, el frío y los cambios bruscos de temperatura.
- Limpia siempre el instrumento con un paño suave y seco. Asegúrate de quitar todas las huellas y la resina.
- Coloca un paño sobre el violín antes de cerrar el estuche.

## Accesorios

- Resina
- Hombrera (o soporte para el hombro)
- Paño suave
- Juego extra de cuerdas

*Los instrumentos y las fotos son cortesía de Eastman Music Company.*

# EL ARCO

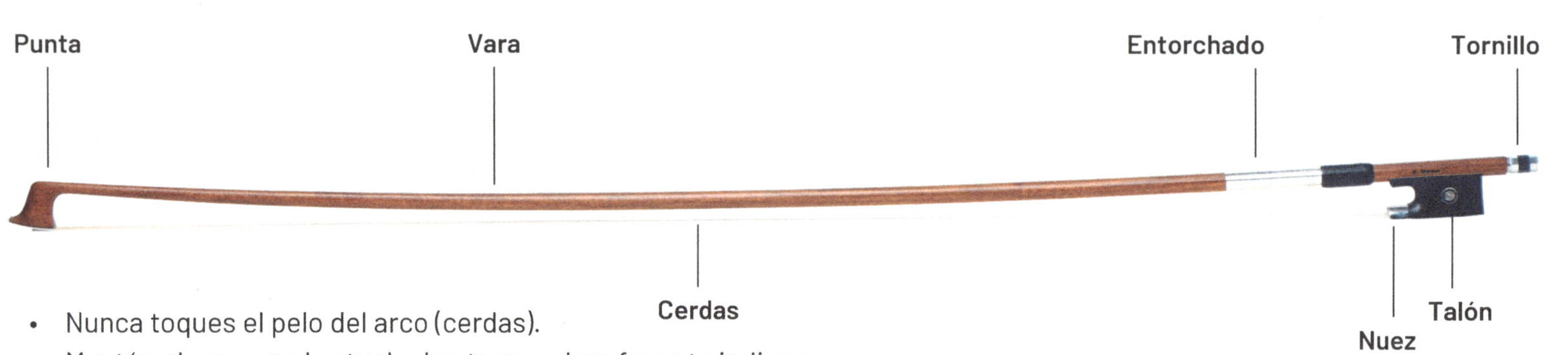


- Nunca toques el pelo del arco (cerdas).
- Mantén el arco en el estuche hasta que el profesor te indique.

## SOSTENIENDO TU INSTRUMENTO 

La mejor manera de aprender a tocar tu instrumento es practicar una habilidad a la vez. Repite cada paso hasta que te sientas cómodo demostrándolo a tu profesor y compañeros.

Muchos violinistas comienzan tocando en posición de guitarra. A medida que aprendas lo básico, tu profesor te ayudará a pasar a la posición de hombro.

### Posición de guitarra

**Paso 1** Coloca el estuche del instrumento plano en el suelo con el asa hacia ti. Ábrelo y levanta el instrumento por el mástil. Identifica todas las partes del violín.

**Paso 2** Sostén el violín bajo tu brazo derecho. Eleva la voluta a la altura del hombro. Asegúrate de que la parte trasera del violín esté plana contra tu estómago.

**Paso 3** Identifica los nombres de las cuerdas: Sol - tono más grave, Re, La, Mi.

**Paso 4** Levanta el pulgar derecho sobre las cuerdas mientras sigues sosteniendo el instrumento. Pulsa las cuerdas según las indicaciones de tu profesor. Pulsar las cuerdas se llama pizzicato, y se abrevia *pizz.*

### Posición de hombro

**Paso 1** (De pie): Colócate con los pies separados al ancho de los hombros. (Sentado): Siéntate en la parte delantera de la silla.

**Paso 2** Gira tu pie izquierdo hacia la posición de las 10 en punto. Desliza tu pie derecho hacia atrás. Ajusta tu postura para poner más peso sobre el pie izquierdo.

**Paso 3** Sostén el instrumento a la altura de los ojos, paralelo al suelo. Curva tu mano izquierda alrededor de la bóveda superior. Encuentra el botón final con tu mano derecha.

**Paso 4** Baja el instrumento hasta tu hombro. El botón final debe quedar cerca del centro de tu cuello. Gira ligeramente la cabeza hacia la izquierda y apoya la mandíbula en él apoya barbilla. Asegúrate de que la voluta no apunte hacia el suelo.

 *Ver la contraportada para accesar los videos instructivos.*

*La estudiante que aparece es miembro de la Orquesta Sinfónica Juvenil de Milwaukee*

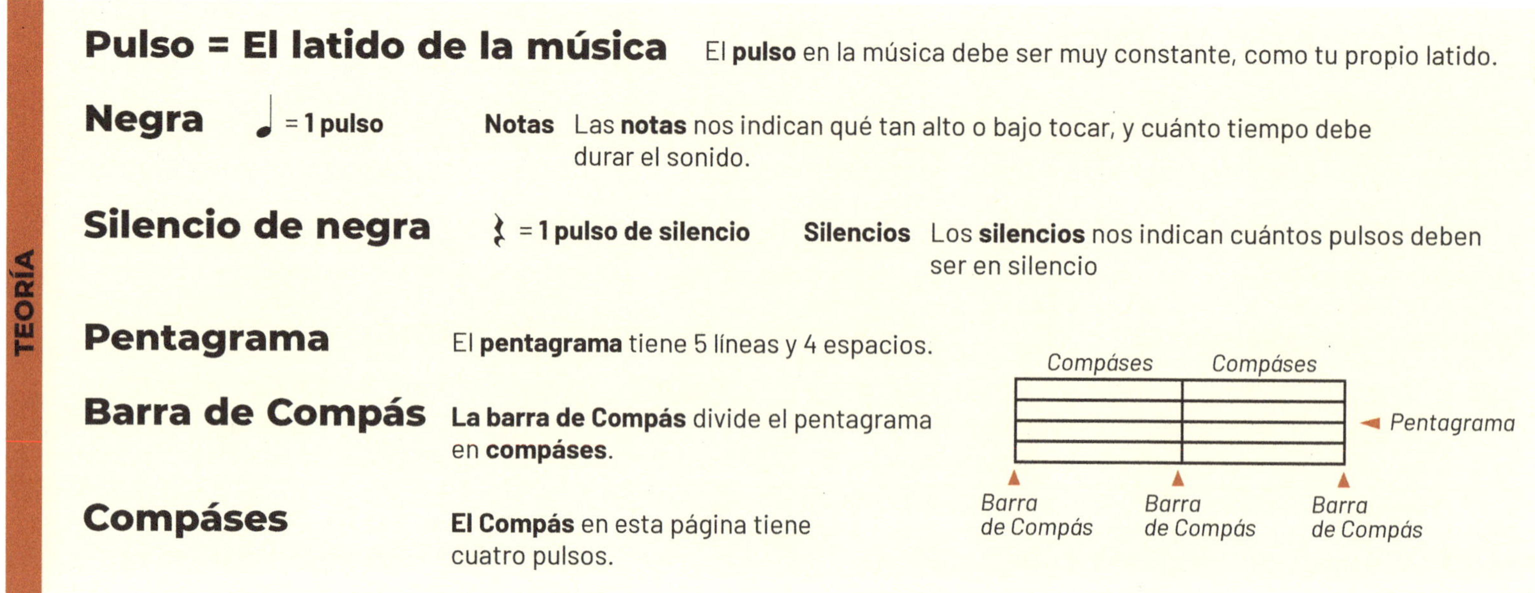


## 1. Pista de afinación

*Espera en silencio mientras tu profesor afina tu instrumento.*

## 2. Toquemos la cuerda Re al aire

*Pizzicato (pizz.)* ◄ *puntear o pulsar la cuerda*

0 ◄ *Cuerda al aire.*

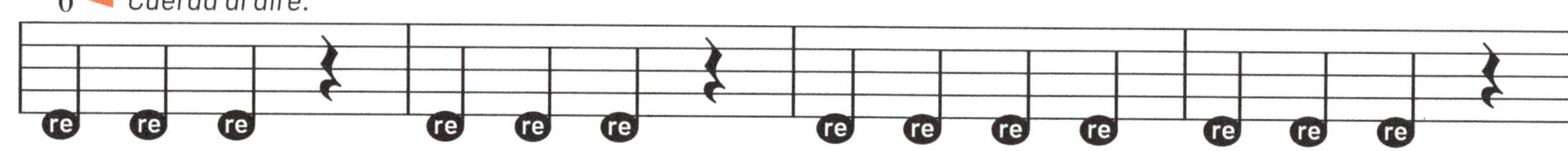


## 3. Toquemos la cuerda La al aire

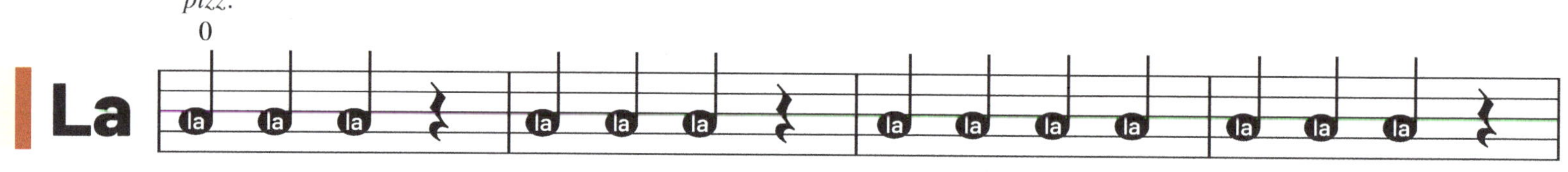


*Mantén el pulso constante.*

## 4. Dos es un equipo

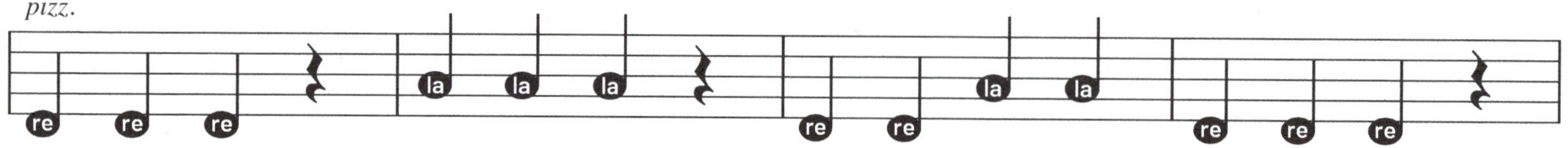


## 5. En la puerta de Pierrot

*La melodía está incluida en el audio en línea.*

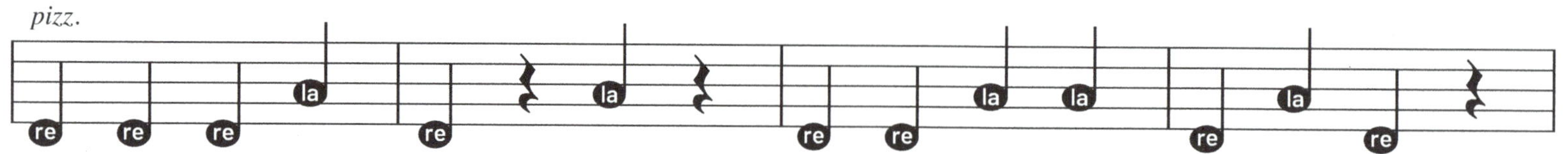

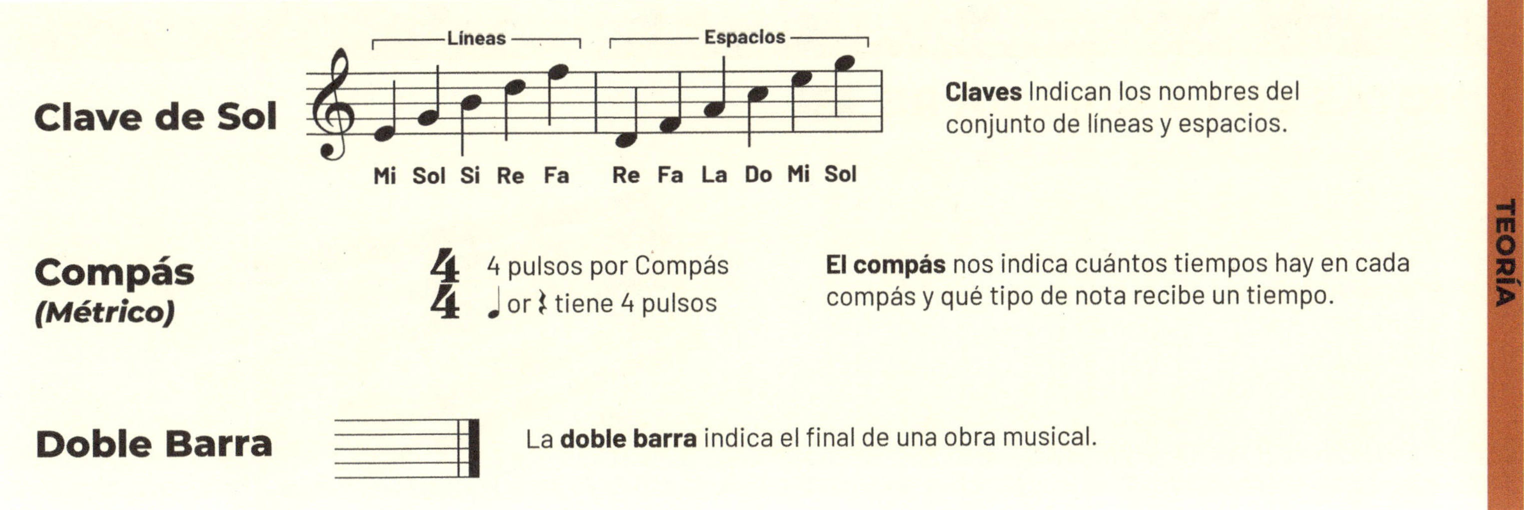


**Clave de Sol** — **Claves** Indican los nombres del conjunto de líneas y espacios.

**Compás** ***(Métrico)*** — 4/4: 4 pulsos por Compás; ♩ or 𝄽 tiene 4 pulsos. **El compás** nos indica cuántos tiempos hay en cada compás y qué tipo de nota recibe un tiempo.

**Doble Barra** — La **doble barra** indica el final de una obra musical.

## 6. Salto de tijera

*Antes de tocar, identifica la clave y el compás.*

## 7. Mézclalos

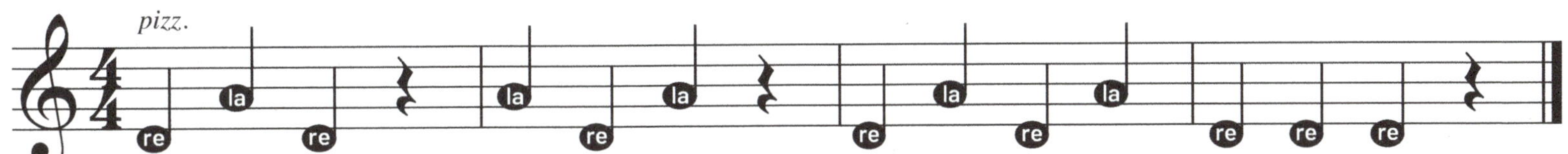


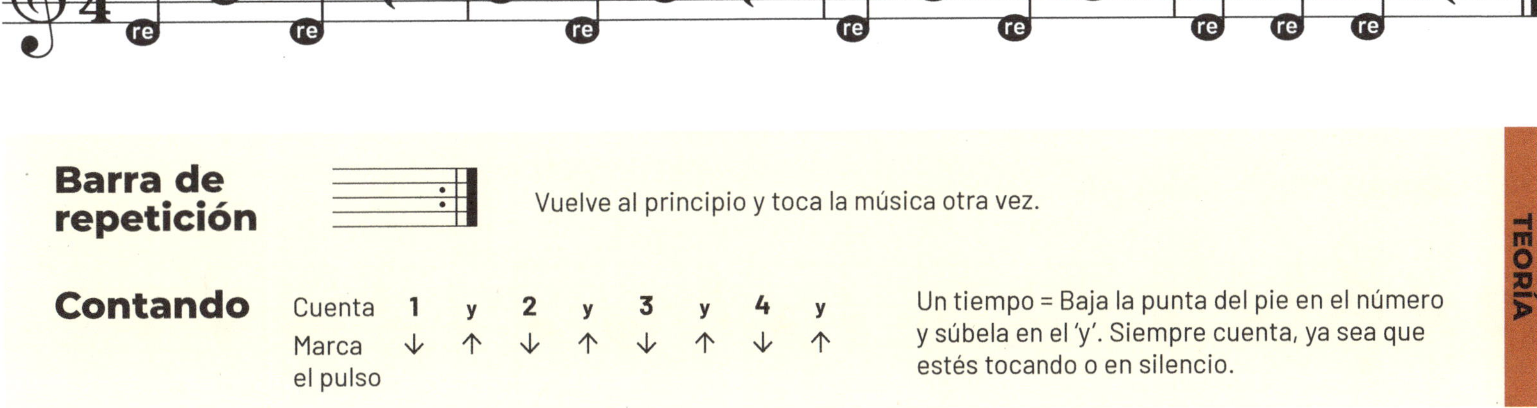


**Barra de repetición** — Vuelve al principio y toca la música otra vez.

**Contando**

| | | | | | | | | |
|---|---|---|---|---|---|---|---|---|
| Cuenta | 1 | y | 2 | y | 3 | y | 4 | y |
| Marca el pulso | ↓ | ↑ | ↓ | ↑ | ↓ | ↑ | ↓ | ↑ |

Un tiempo = Baja la punta del pie en el número y súbela en el 'y'. Siempre cuenta, ya sea que estés tocando o en silencio.

## 8. Contando cuidadosamente

*Mantén el pulso estable cuando estés tocando o en los silencios.*

## 9. Pequeño examen de ESSENTIAL ELEMENTS

*Escribe los pulsos antes de tocar.*

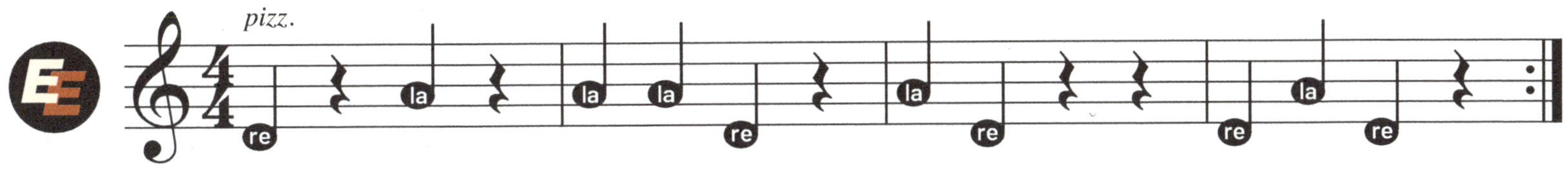

# FORMANDO LA MANO IZQUIERDA

## NOTAS EN LA CUERDA RE

**Paso 1** Coloca la mano como muestra el diagrama, con la palma hacia arriba.

0 = Cuerda al aire
1 = 1° dedo
2 = 2° dedo
3 = 3° dedo
4 = 4° dedo

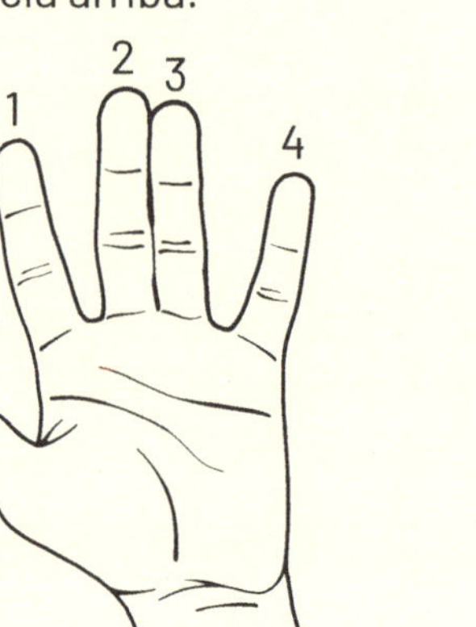


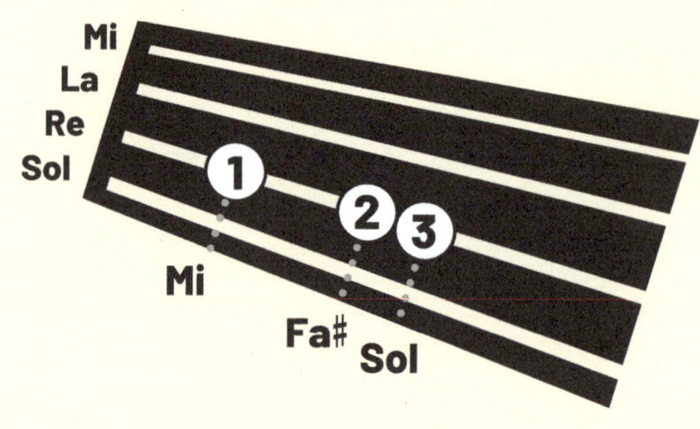


**Paso 2** Lleva la mano al diapasón. Coloca tus dedos en la cuerda Re, manteniendo la mano en la forma mostrada en el diagrama. Asegúrate de que el primer dedo forme un cuadrado con el diapasón y que la muñeca esté relajada y recta.

**Sol** se toca con 3 dedos en la cuerda Re

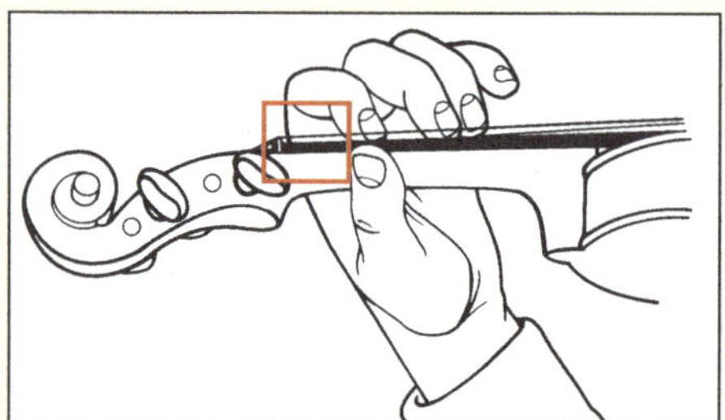

**Fa♯** se toca con 2 dedos en la cuerda Re

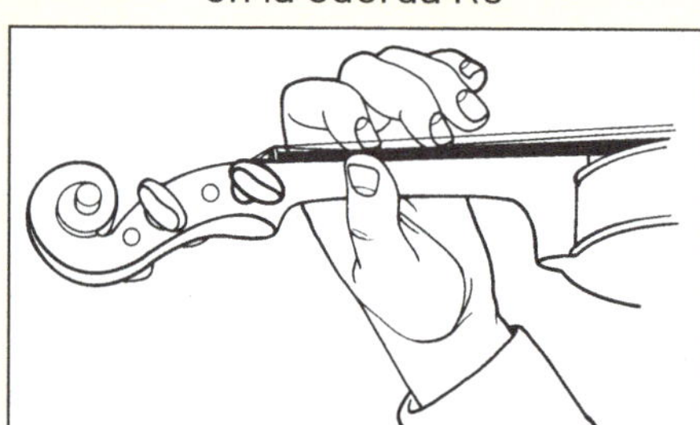

**Mi** se toca con 1 dedo en la cuerda Re

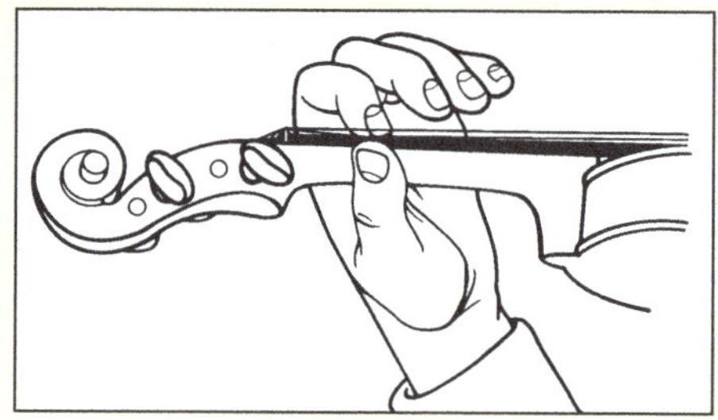

### HABILIDADES AUDITIVAS

Escucha con atención y repite lo que el profesor toca.

**10. Leamos "Sol"** *Memoriza el nombre de las notas.*

**Sol**

TEORÍA

### El sostenido ♯

El símbolo de sostenido sube el sonido de las notas y se mantiene por el compás completo.
Las notas sin el símbolo de sostenido se llaman "naturales".

**11. Leamos "Fa♯" (Fa-sostenido)**

**Fa♯**

▲ *Toca todos los Fa♯. Los sostenidos se mantienen por todo el compás.*

**12. Despegando**

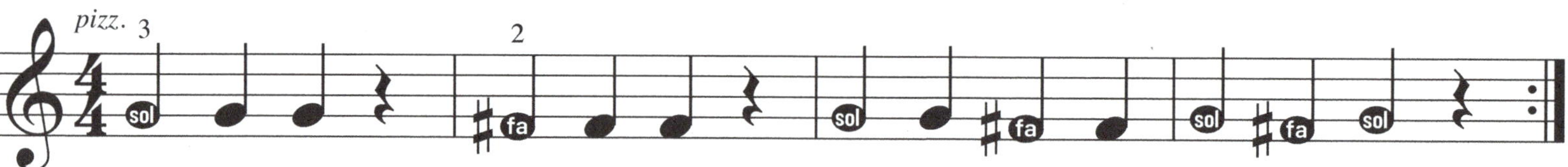


✔ ¿Está tu mano izquierda colocada como se muestra en los diagramas de arriba?

# FORMANDO LA MANO DERECHA

## EJERCICIOS DEL ARCO UNO

### Agarre del lápiz

**Paso 1** Sujeta el lápiz con la mano izquierda a la altura de los ojos.

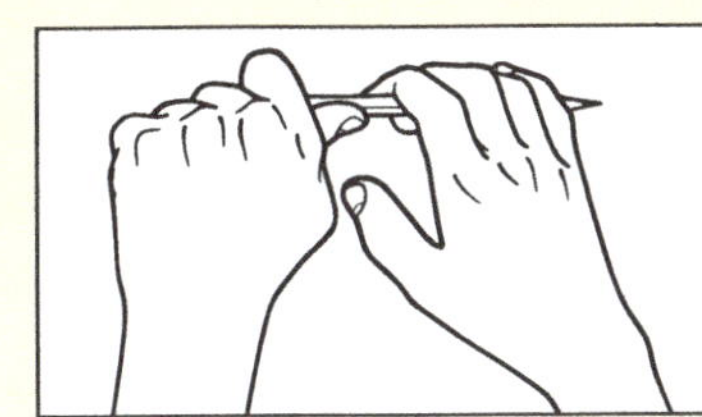

**Paso 2** Cuelga los dedos de la mano derecha sobre el lápiz como se muestra en el diagrama.

**Paso 3** Coloca la punta del meñique sobre el lápiz.

**Paso 4** Toca la punta de tu pulgar derecho con el lápiz, justo enfrente de tu segundo dedo. La curva de tu pulgar formará un óvalo con el dedo.

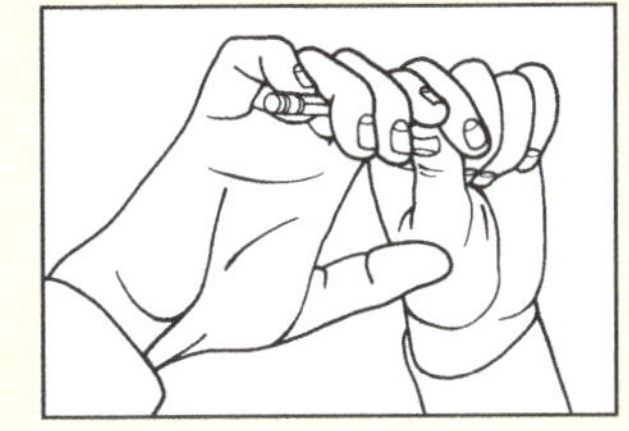

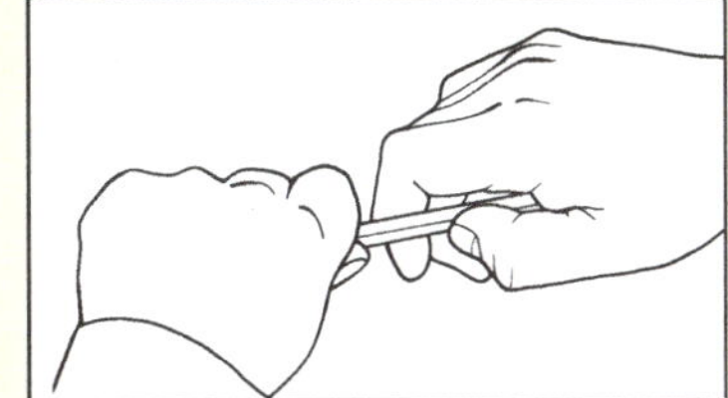

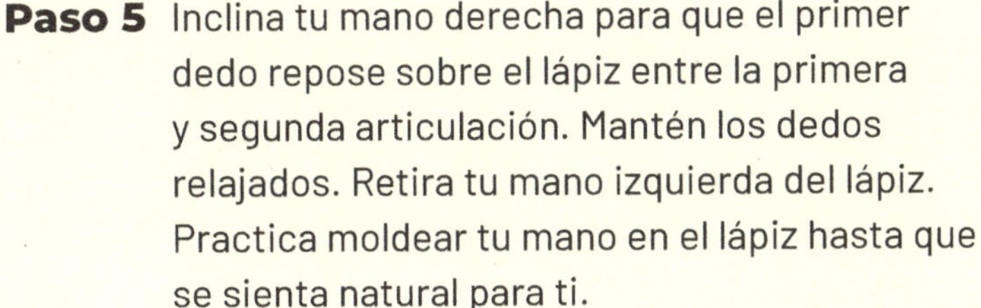

**Paso 5** Inclina tu mano derecha para que el primer dedo repose sobre el lápiz entre la primera y segunda articulación. Mantén los dedos relajados. Retira tu mano izquierda del lápiz. Practica moldear tu mano en el lápiz hasta que se sienta natural para ti.

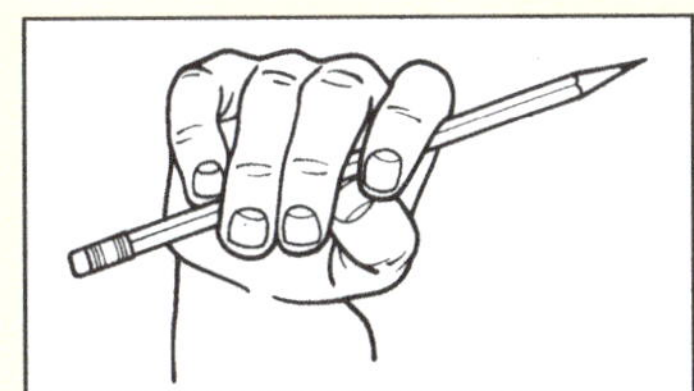

Practica los "Ejercicios del Arco Uno" todos los dias.

**13. En el sendero** *Decir o cantar los nombres de las notas antes de tocarlas.*

**14. Leamos "Mi"**

**Mi**

**15. De paseo**

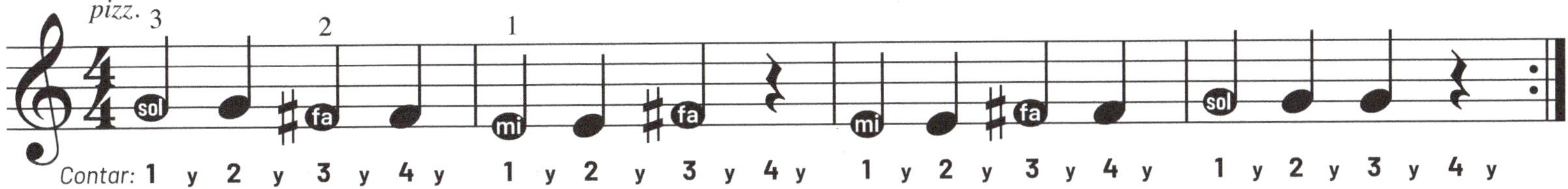


**16. Pequeño examen de ESSENTIAL ELEMENTS**
*Antes de tocar, dibuja los símbolos donde corresponda.*

## EJERCICIOS DEL ARCO DOS

### Agarre del lápiz

**Decir Adiós**
Despídete con la mano manteniendo la muñeca relajada.

**Flexionando el pulgar**
Flexiona el pulgar hacia adentro y hacia afuera.

**Pulsa con los dedos**
Pulsa el lápiz con el primer dedo, luego pulsa con el cuarto dedo.

**Vueltas de nudillos**
Con la palma hacia arriba revisa que el pulgar este flexionado como se muestra en el diagrama.

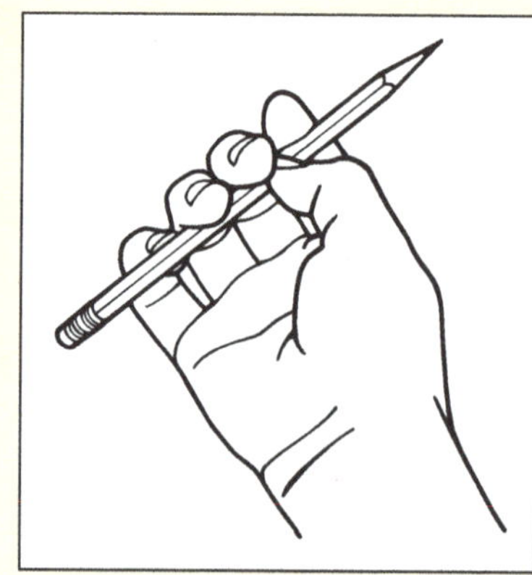

*Vueltas de nudillos*

## EJERCICIOS DEL ARCO TRES 

### Movimientos del arco

**Meciendo el brazo**
Pon un dedo en la parte interna del codo y mueve tu brazo como se muestra.

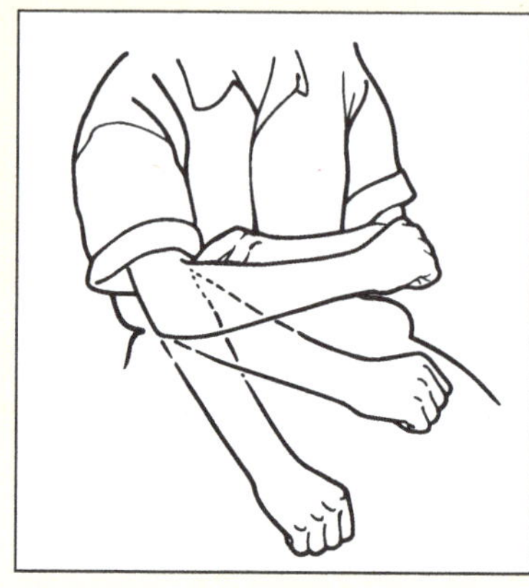

*Meciendo el brazo*

### 17. Rayuela

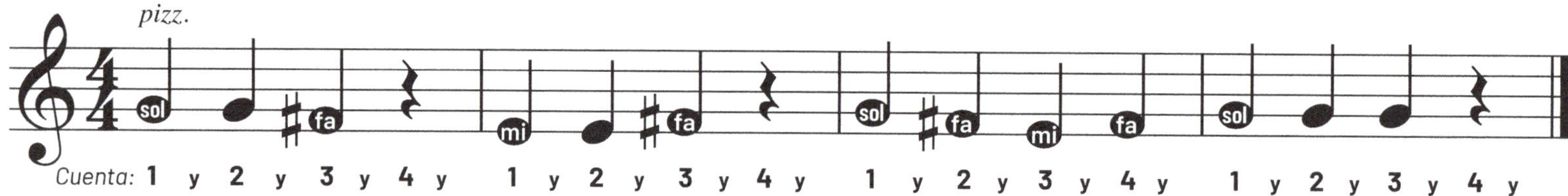


**HISTORIA**

Las canciones folclóricas han sido una parte importante de las culturas durante siglos y se han transmitido de generación en generación. Las melodías de las canciones folclóricas ayudan a definir el sonido de una cultura o región. Esta canción folclórica proviene de la región eslava de Europa del Este.

### 18. Baile de la mañana

Canción Eslava

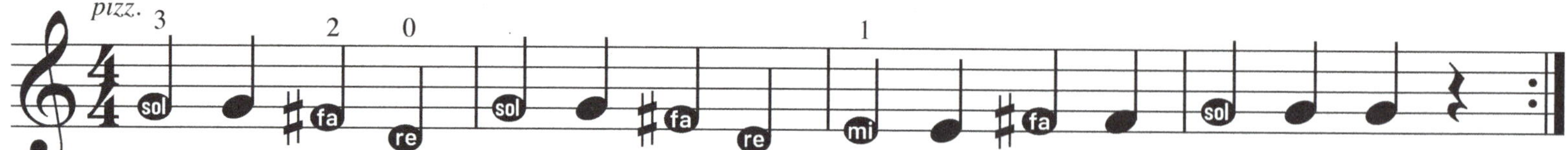


### 19. Rodando suavemente

## EJERCICIOS

Coloca tu instrumento en el hombro como se muestra en la página 3. Luego practica los siguientes ejercicios con tu mano izquierda.

**Pulsando los dedos**
Escoge una cuerda cualquiera y pulsa suavemente. Practica combinaciones de dedos diferentes.

**Meciendo el brazo**
Con los dedos en el diapasón y con buena postura, balancea el codo de un lado a otro manteniendo la postura curva de los dedos como se muestra en el diagrama.

**Rasgueado**
Hala las cuerdas con el cuarto dedo mientras balanceas el codo debajo del violín, como se muestra en el diagrama.

*Rasgueado*

### 20. El Buen Rey Wenceslao

Canción popular Galesa

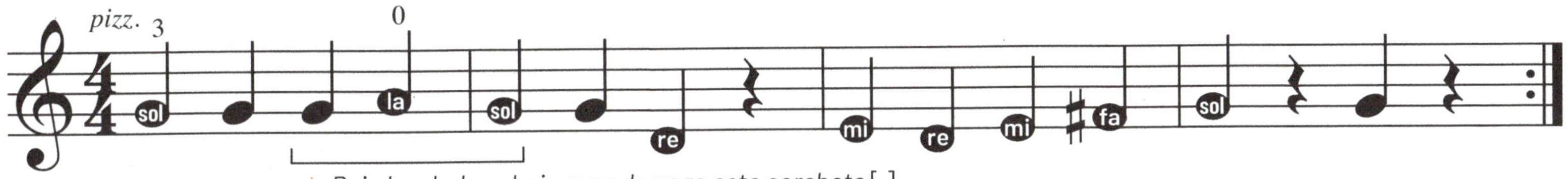


▲ *Deja los dedos abajo cuando veas este corchete* [ ]

### 21. Canto Seminola

### 22. Pequeño examen de ESSENTIAL ELEMENTS – Remando suavemente

▲ *Prepara el Fa♯ antes de empezar a tocar.*

## NOTAS EN LA CUERDA LA

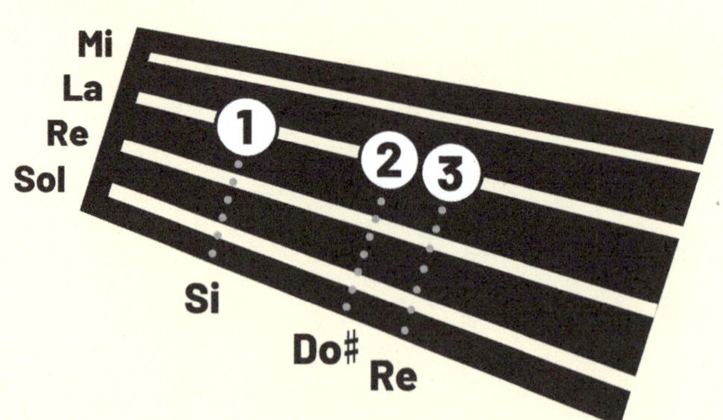


**Re** se toca con 3 dedos en la cuerda La.

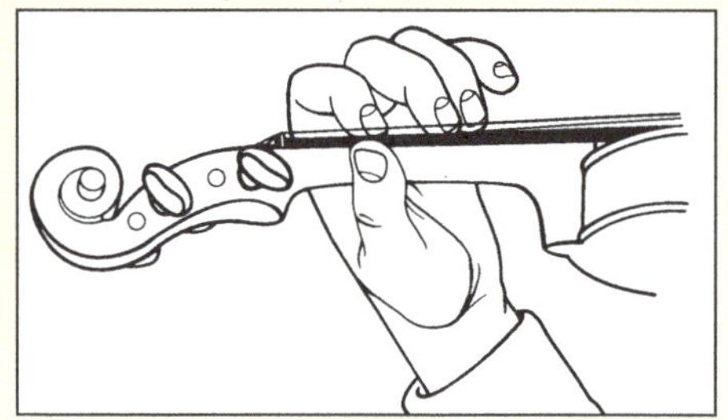

**Do♯** se toca con 2 dedos en la cuerda La.

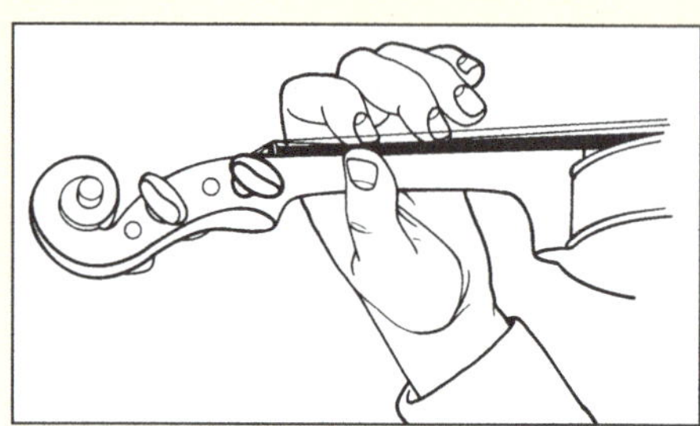

**Si** se toca con 1 dedo en la cuerda La.

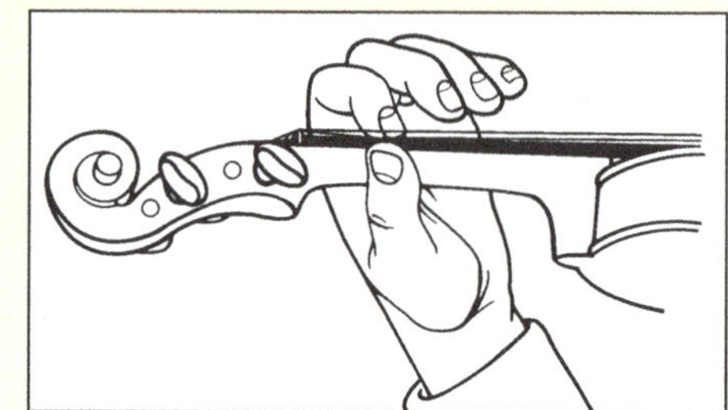

**HABILIDADES AUDITIVAS** Escucha con atención y repite lo que el profesor toca.

### 23. Leamos "Re"

### 24. Leamos "Do♯" (Do sostenido)

▲ *Toca todos los Do♯. El sostenido se mantiene durante todo el compás.*

### 25. Despegando

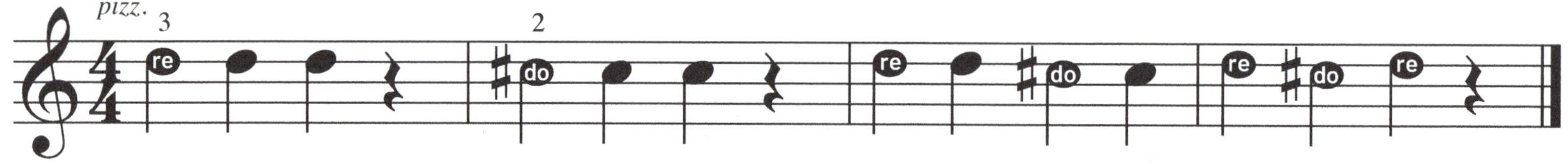


### 26. Isla Caribeña

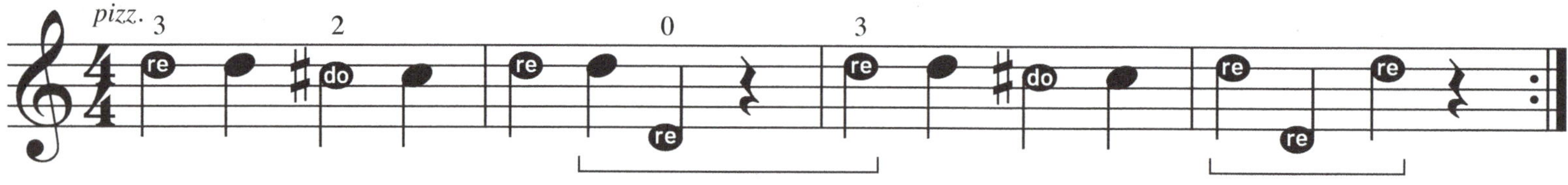


★ Practica los Ejercicios del Arco UNO, DOS, y TRES todos los días.

## 27. Salto Olímpico

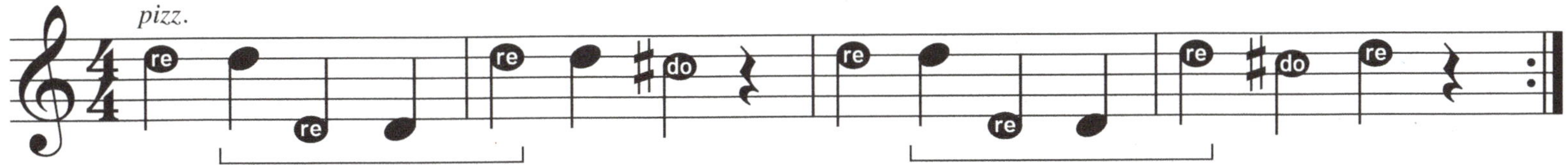


## 28. Leamos "Si"

**Si**

## 29. Descendiendo

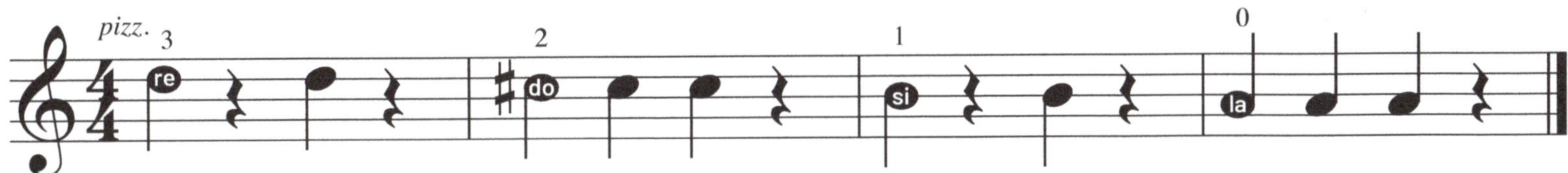


## 30. Ascendiendo

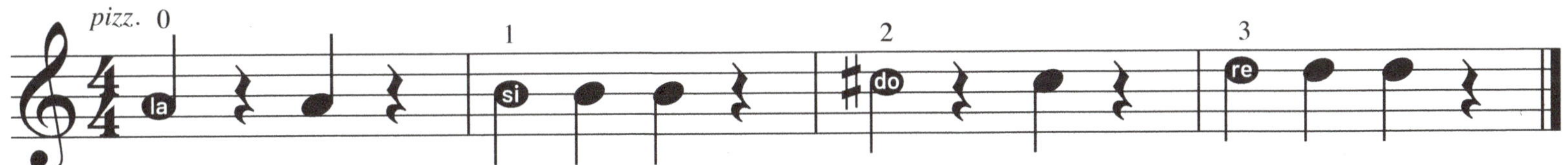


**La Escala**

Una escala, es una secuencia en orden, de notas que ascienden y descienden. Es como una "escalera musical" donde cada nota es el siguiente escalón. Esta es la escala de Re. La primera y la última nota son la nota Re.

TEORÍA

## 31. Bajando la escala de Re *Recuerda memorizar los nombres de las notas.*

## 32. Pequeño examen de ESSENTIAL ELEMENTS – Subiendo la escala de Re

# EJERCICIOS DEL ARCO CUATRO

## POSTURA INICIAL DEL ARCO

**Paso 1** Identificar todas las partes del arco (ver página 2). Sujeta el arco con la mano izquierda cerca de la punta, con el talón hacia la derecha.

**Paso 2** Coloca el pulgar derecho y el 2° dedo en el medio de la vara.

**Paso 3** Moldea la mano derecha en la vara, como muestra el diagrama.

**Paso 4** Gira la mano derecha y asegúrate que el pulgar y los dedos estén curvos.

**Paso 5** Sujeta el arco y repite los ejercicios de la página 8.

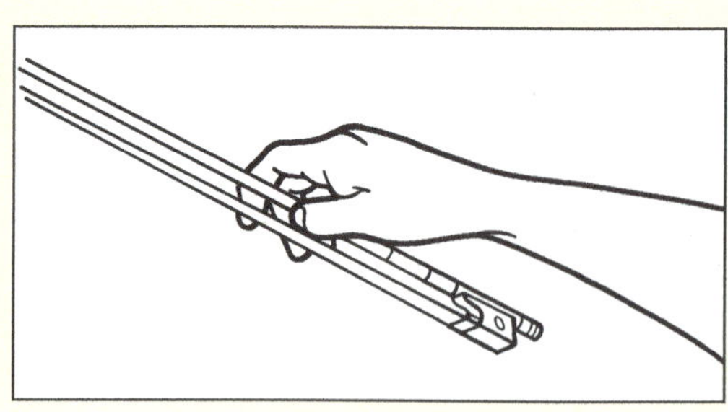

*Balanceando el arco*

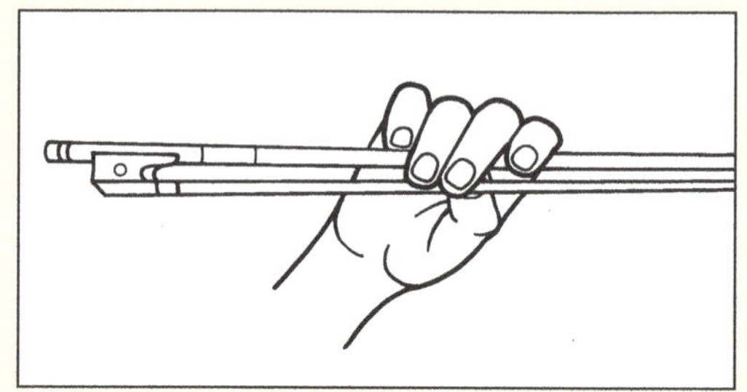

*Ejercicio preparatorio para agarrar el arco*

**ALERTA** No pongas el arco en el instrumento hasta que tu profesor te lo indique.

### 33. Canción para Cristina

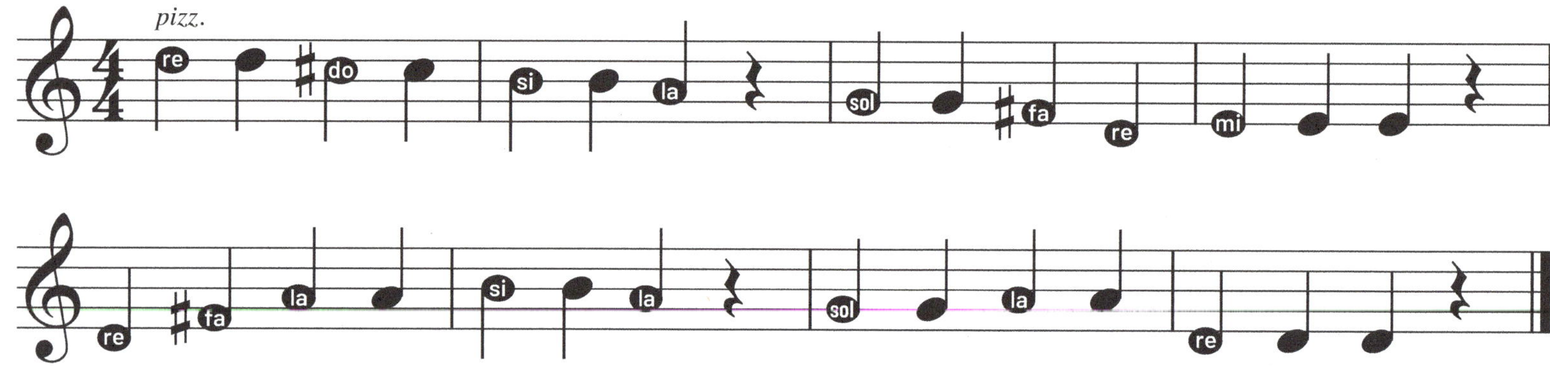


### 34. La rosa de Natalia *Recuerda contar.*

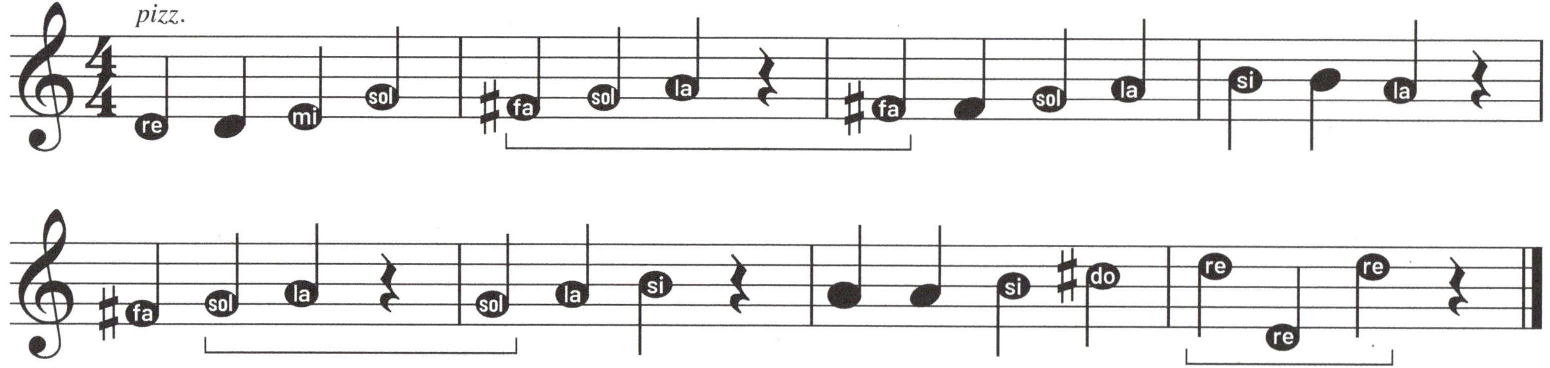


### 35. Creatividad esencial *Escribe el nombre de las notas en las líneas de abajo.*

Las canciones folclóricas suelen contar historias. Esta **canción israelí** describe un juego que es una tradición familiar centenaria. En este juego se utiliza un dreidel, el cual es un trompo de madera. El juego es especialmente popular en diciembre, cuando se celebra Hanukkah.

**36. Dreidel**

Canción popular Israelí

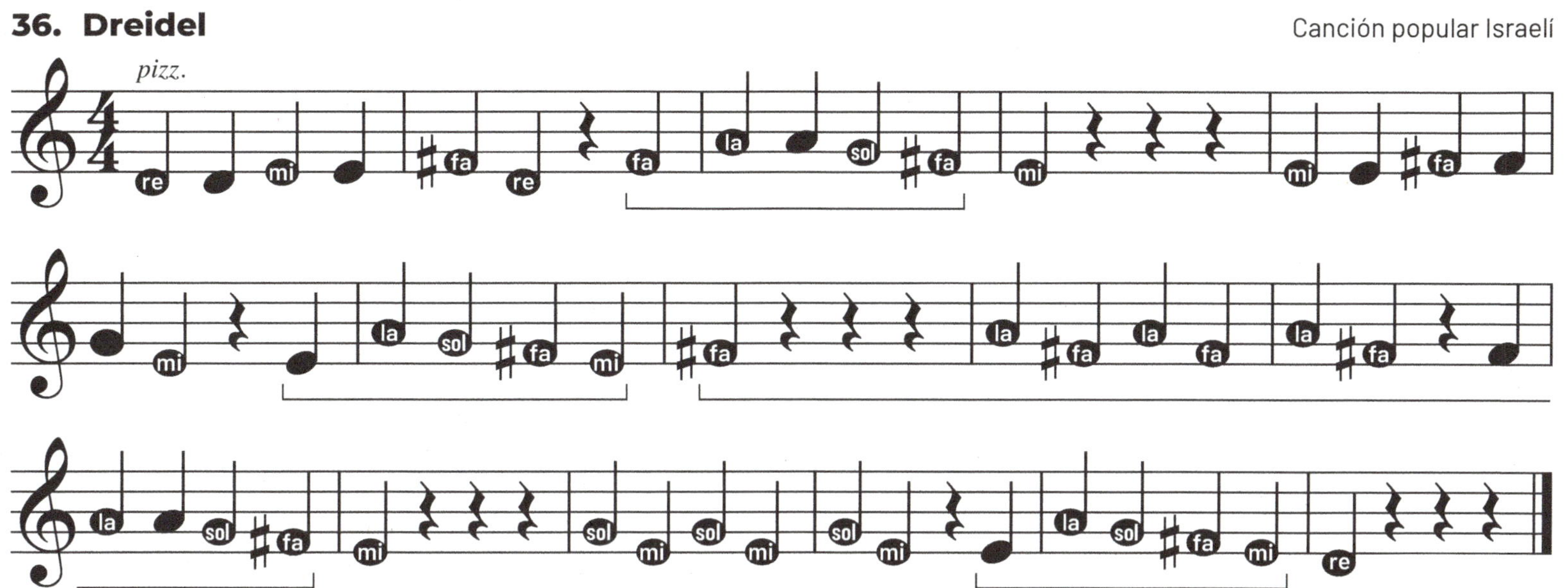


## EJERCICIOS DEL ARCO CINCO

### Arco Sombra

Arco sombra es mover el arco sin tocar las cuerdas.

**Paso 1** Aprieta las cerdas del arco como indicó el profesor.

**Paso 2** Toma la resina con la mano izquierda. Agarra el arco en el punto de balance.

**Paso 3** Arco simulado. Pon el arco sobre la resina y muévelo de un lado a otro lentamente. Asegúrate de solamente mover el arco.

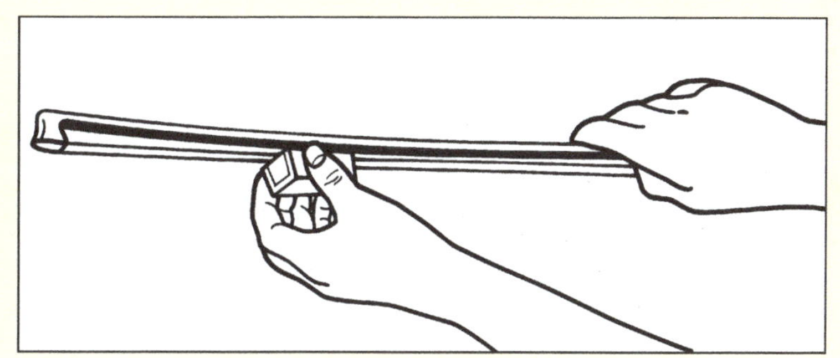

**Arco abajo** ⊓ Mueve el arco alejándolo de tu cuerpo (hacia la derecha)

**Arco arriba** V Mueve el arco hacia tu cuerpo (hacia la izquierda)

**37. El Rap de la resina #1** *Toca estos ejercicios con el arco sobre la resina.*

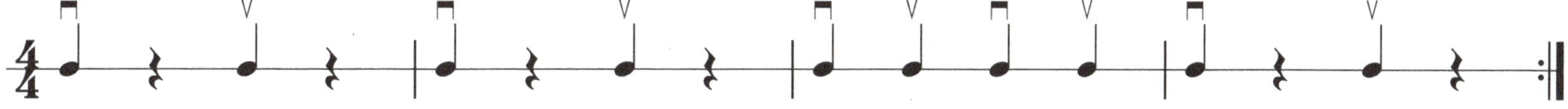


**38. El Rap de la resina #2**

**39. El Rap de la resina #3**

 ¿Tu mano derecha, tiene la misma forma que muestra el diagrama de arriba?

**TEORÍA**

Revisa estas notas. Escribe los nombres en el espacio debajo de cada nota.

## 40. Brisa de Carolina

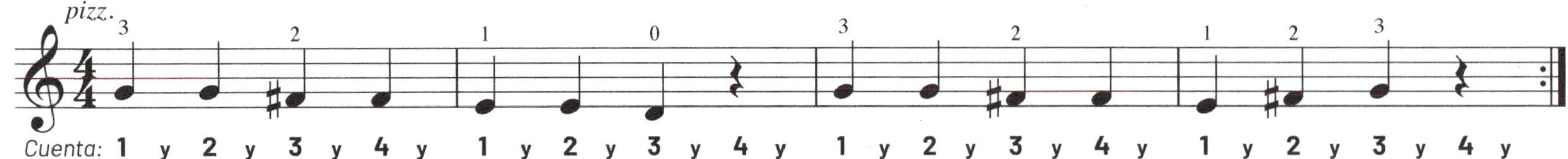


## 41. Cascabel

J. S. Pierpont

## 42. Old Macdonald Had A Farm

Canción folclórica estadounidense

★ Practica los EJERCICIOS DEL ARCO CINCO todos los días.

El compositor austriaco **Wolfgang Amadeus Mozart** (1756–1791) fue un niño prodigio que dio su primer concierto a los 6 años. Vivió durante la época de la Revolución Americana (1775–1783). La música de Mozart es melódica e imaginativa. Escribió cientos de composiciones, incluida una pieza para piano basada en esta canción familiar.

HISTORIA

## 43. Una melodía de Mozart

Adaptada por W. A. Mozart

## Armadura de clave Re Mayor

La **armadura de clave** nos indica qué notas deben tocarse con sostenidos o bemoles a lo largo de toda la pieza. Cuando veas esta armadura de clave que se llama "Re Mayor", toca todas las notas Fa, como Fa# (Fa - sostenido) y todas las notas Do, como Do# (Do - sostenido).

TEORÍA

## 44. La marcha de Mateo

▲ *Cuando veas esta armadura de clave toca los Do# y los Fa#.*

## 45. La melodía de Christopher

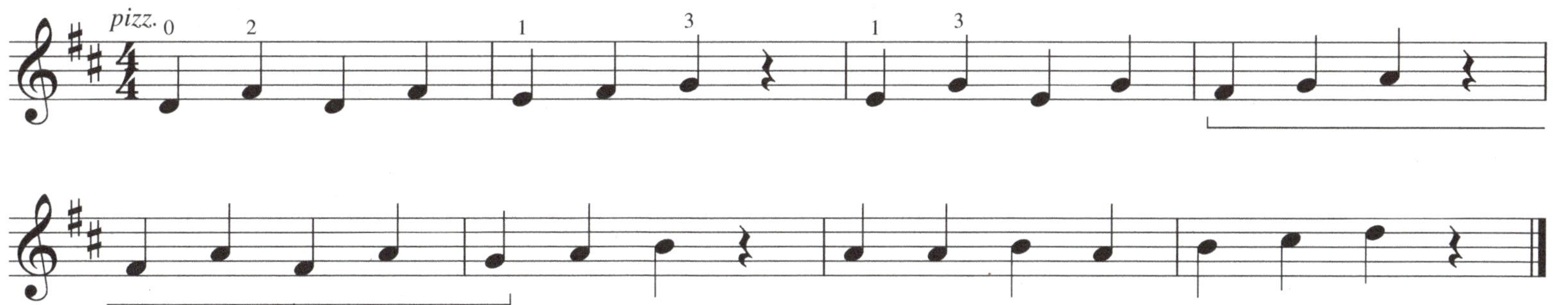


## 46. Creatividad esencial

*Toca las notas que aparecen a continuación. Luego puedes componer tu propia música, para los dos últimos compases utilizando las notas que has aprendido con este ritmo:*

# EJERCICIO DEL ARCO SEIS

## ¡Toquemos con el Arco!

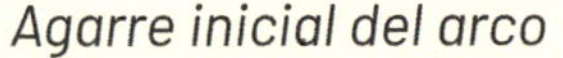

*Agarre inicial del arco*

*Agarre Regular del Arco*

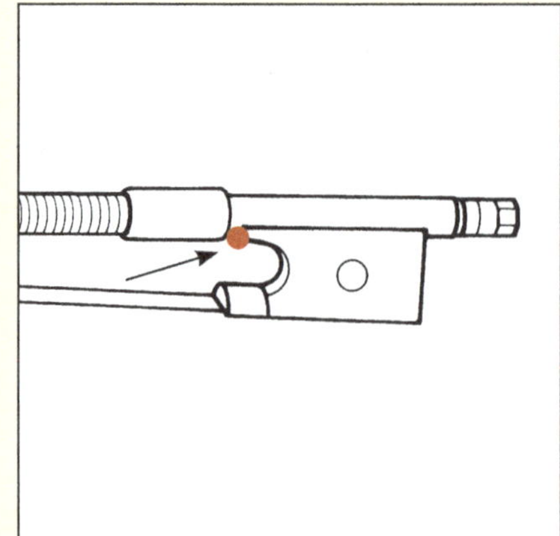

*Colocación del Pulgar*

**Paso 1** Sujeta el instrumento con la mano izquierda en la parte superior del cuerpo, como se muestra en la ilustración.

**Paso 2** Sujeta el arco en el punto de balance (como agarre del arco). Tu codo derecho debe estar ligeramente más bajo que tu mano.

Tu profesor te indicará cuándo comenzar a mover la mano del arco hacia la nuez, como se muestra en la ilustración del Agarre Regular del Arco. La punta de tu pulgar se moverá al lugar del arco donde toca el ferrule (anillo de metal).

## HABILIDADES AUDITIVAS

Repite lo que toca tu profesor. Escucha con atención. Tu sonido debe ser suave y uniforme.

### 47. Toca en la cuerda Re

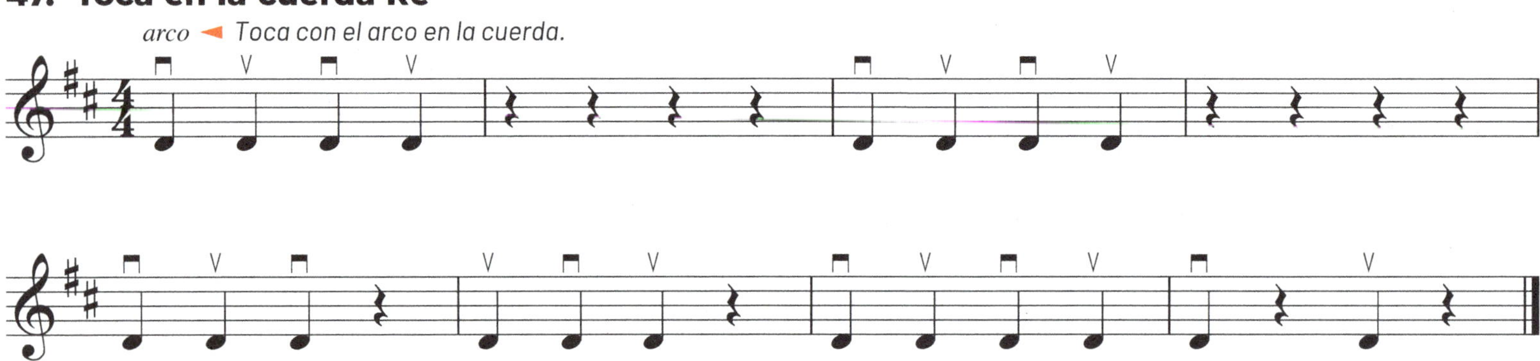


### 48. Toca en la cuerda La

## ENTRENANDO

### Altura de las Cuerdas:

Tu brazo se mueve al tocar con el arco en diferentes cuerdas. Memoriza estas pautas:

- **Eleva** tu brazo para tocar cuerdas de tono más grave.
- **Baja** tu brazo para tocar cuerdas de tono más agudo.

Sube el brazo = cuerda más grave
Baja el brazo = cuerda más aguda

**49. Subir y bajar**

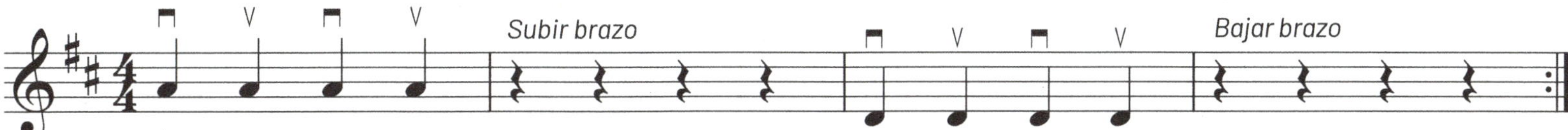


**50. Sube y baja**

**51. Reflejo**

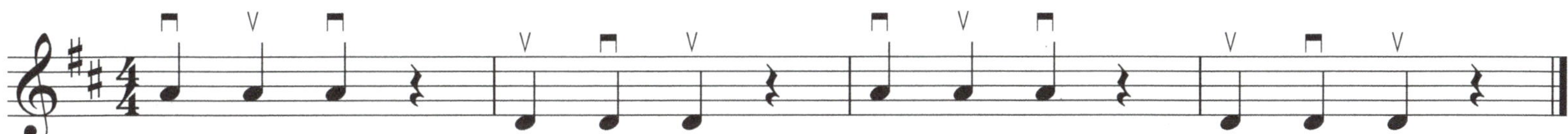

### Alzar El Arco

**,** Levanta el arco y regresa al punto de partida

**52. Tocando Re y La**

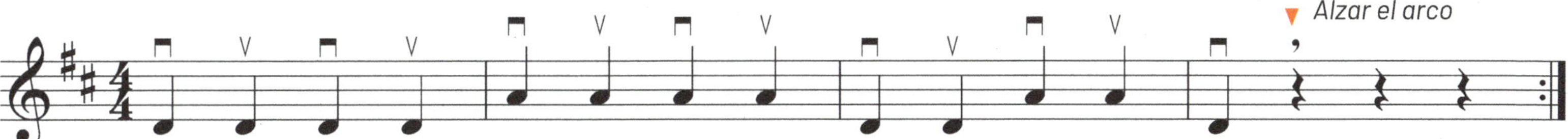


**53. Pequeño Examen de ESSENTIAL ELEMENTS – Desafio Olímpico**

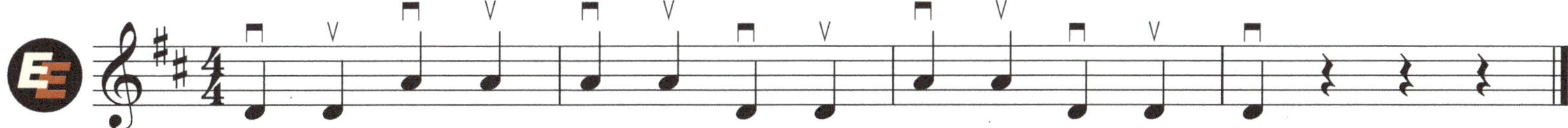

## EJERCICIO DEL ARCO SIETE

### Combinando las Dos Manos

Usando las notas de la escala de Re Mayor, repite lo que tu profesor toca.

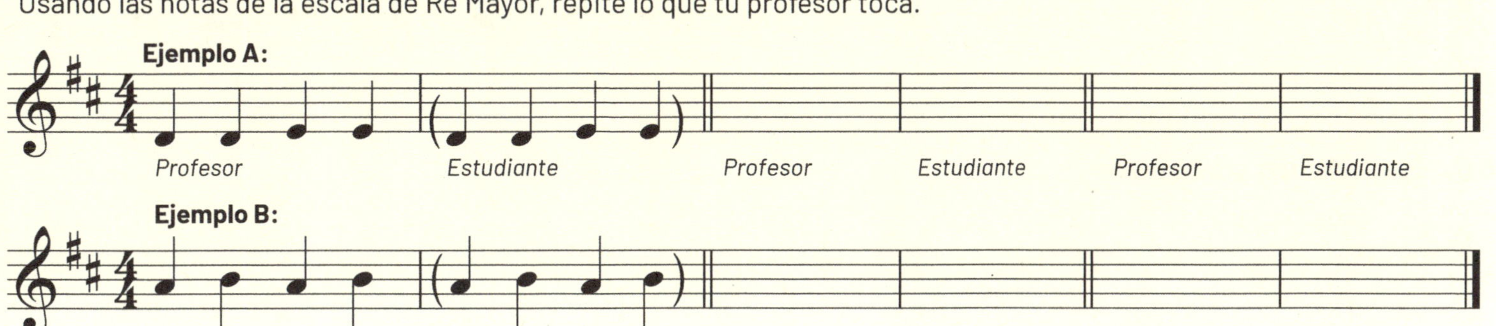

# PONIENDOLO TODO JUNTO

¡Felicidades! Ya estas listo para practicar como un músico avanzado combinando las habilidades de la mano izquierda y la derecha mientras lees la partitura. Cuando estés aprendiendo una nueva línea musical, para tener mayor éxito, sigue estos pasos:

**Paso 1** Golpea con el dedo del pie y di o canta los nombres de last letras.

**Paso 2** Toca *pizz.* y di o canta los nombres de las letras.

**Paso 3** Arco Sombra y di o canta los nombres de las letras.

**Paso 4** Toca con el arco lo que esta escrito.

## 54. Arco en la cuerda Sol

## 55. Ida y vuelta

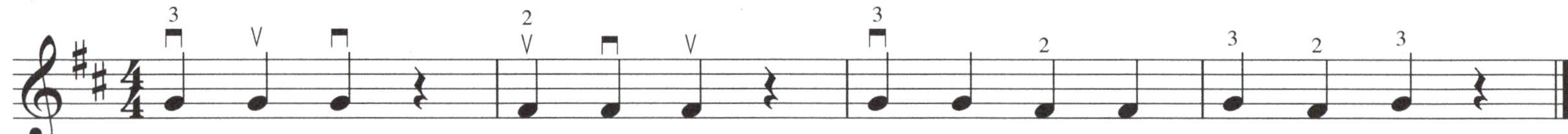

## 56. Arriba y abajo

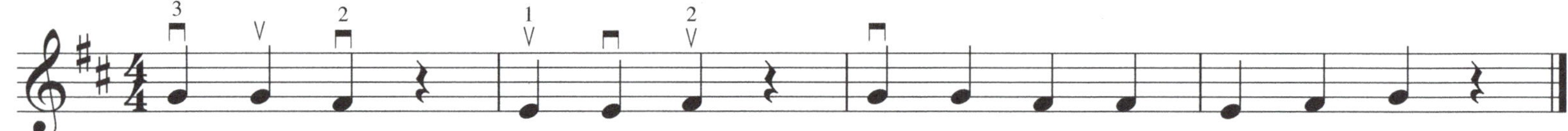

## 57. Lamento Tribal

## 58. Arco en la cuerda Re

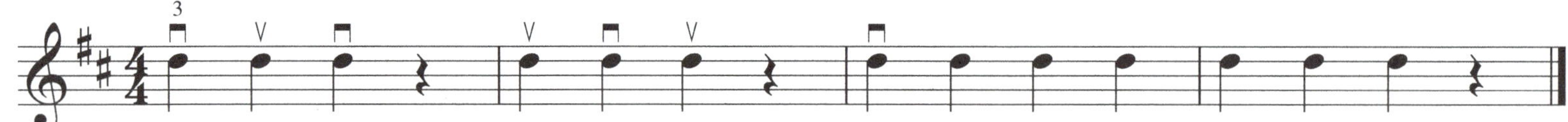

## 59. Pequenos pasos

## 60. Bajada en ascensor

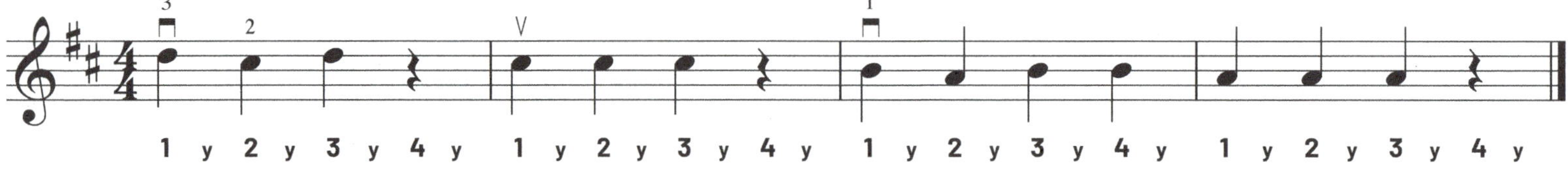

### 61. Subiendo en ascensor

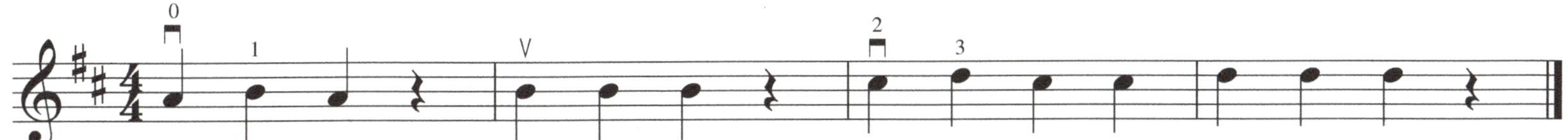

### 62. Descendiendo la escala de Re mayor

### 63. Simulador de escala *Recuerda contar.*

### 64. Pequeño examen de ESSENTIAL ELEMENTS – La Escala de Re mayor

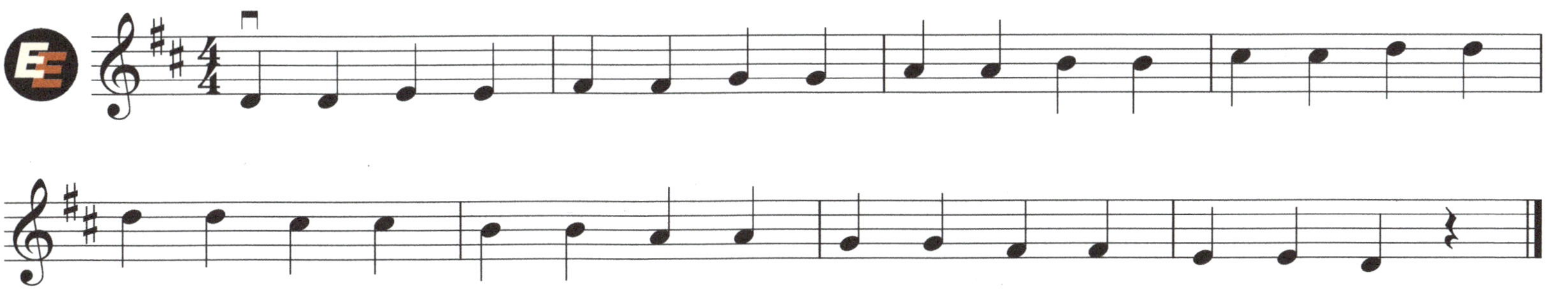

## Ejercicio especial para el violín

Mientras los bajos aprenden una nota nueva, dibuja las líneas divisorias en la música de abajo. Luego escribe los pulsos.

### 65. Leamos Do♯ – Repaso

## Corcheas

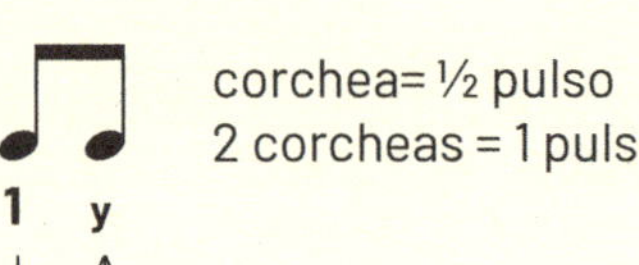


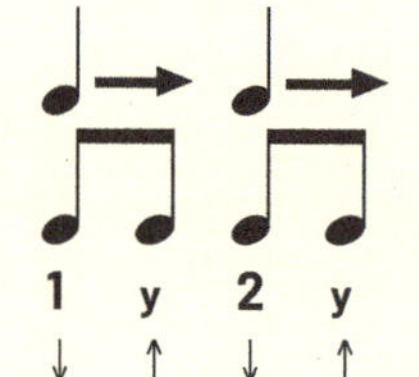


Dos o más corcheas juntas tienen un barra que une las plicas.

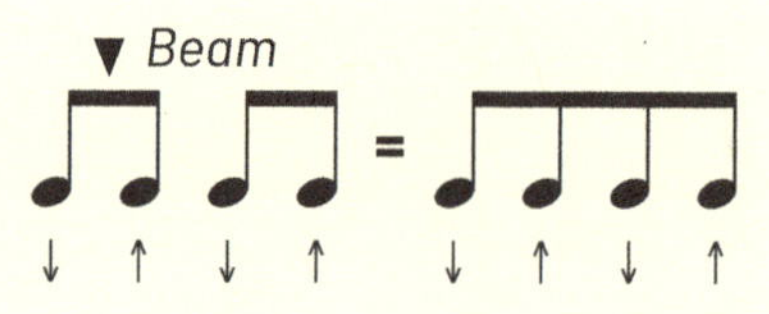


Marca con la punta del pie hacia abajo en el numero uno y hacia arriba en la "y".

### 66. Rap rítmico

*"Arco Sombra" y cuenta antes de tocar*

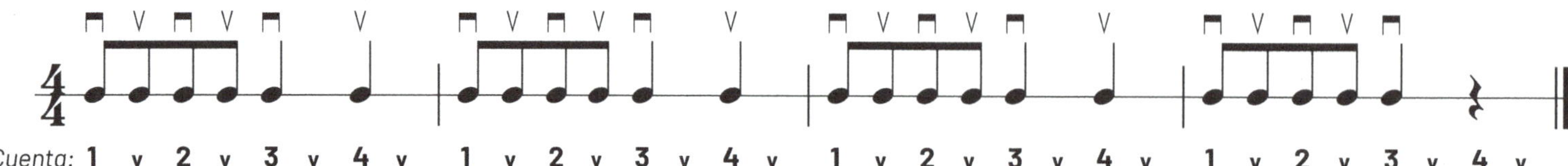


### 67. Pepperoni Pizza

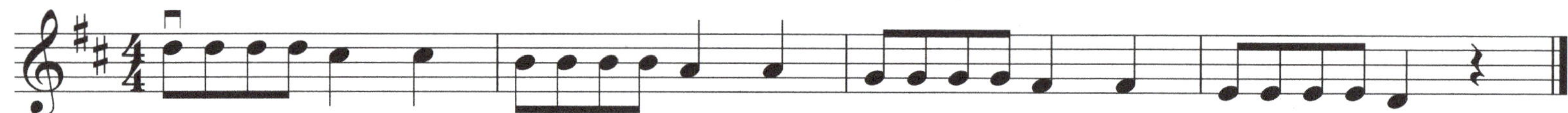

### 68. Rap rítmico

*"Arco sombra" y cuenta antes de tocar*

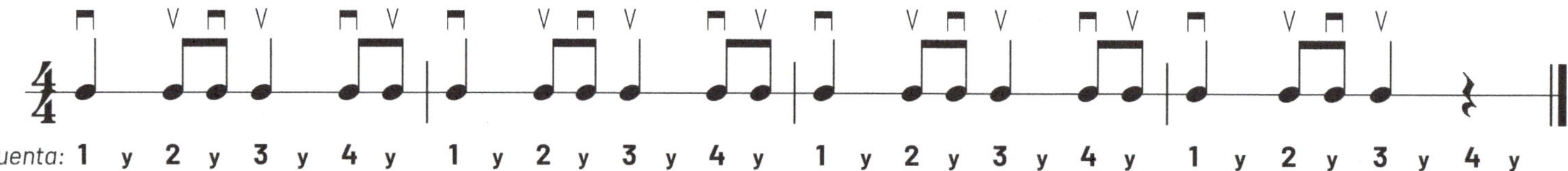


### 69. Subiendo la escala de Re

## INDICACIONES DE TIEMPO

El tempo es la velocidad de la música. Las indicaciones de tempo suelen escribirse sobre el pentagrama, en italiano.

**Allegro** – tempo rápido **Moderato** – tempo moderato **Andante** – lento, como caminando

### 70. Hot Cross Buns

**Moderato**

### 71. Claro de Luna

Canción folclórica francesa

**Andante**

## 72. Rap rítmico

*"Arco Sombra" y cuenta antes de tocar*

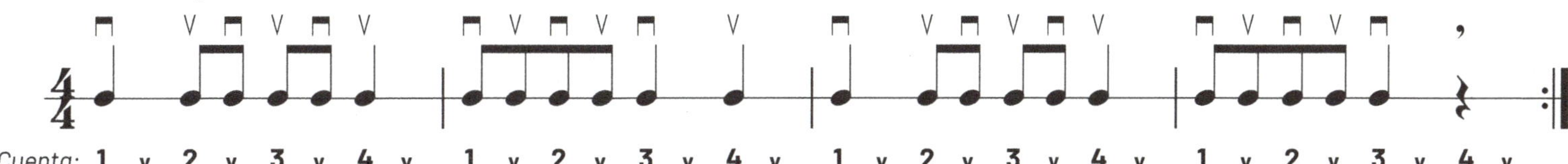


## 73. Saludo Buckeye

### 2/4 Armadura de compás

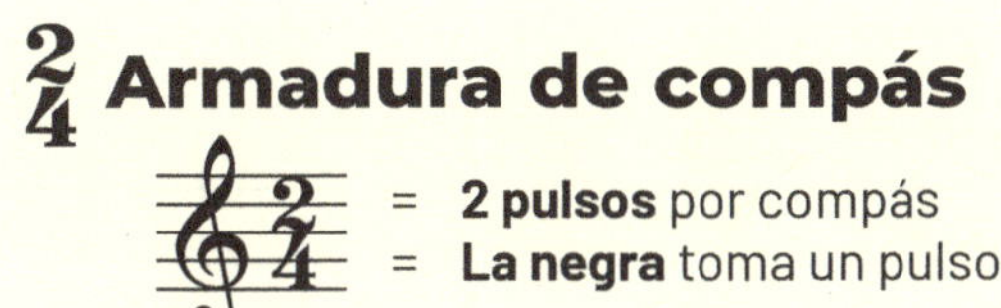

= **2 pulsos** por compás
= **La negra** toma un pulso

### Dirigiendo

***Practica*** dirigir **este** patrón **de 2 pulsos**

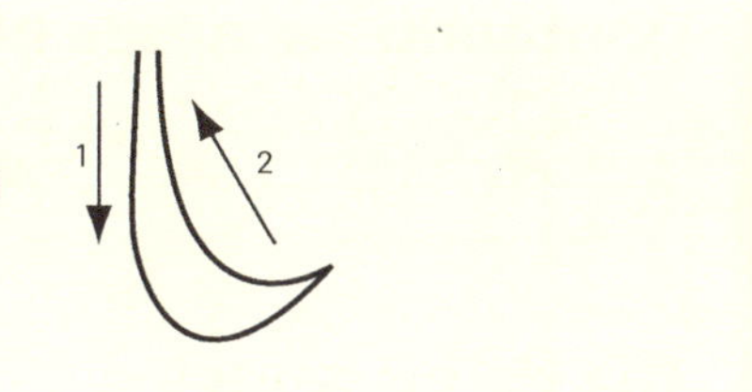


TEORÍA

## 74. Rap rítmico

*Usa arco sombra y cuenta antes de tocar*

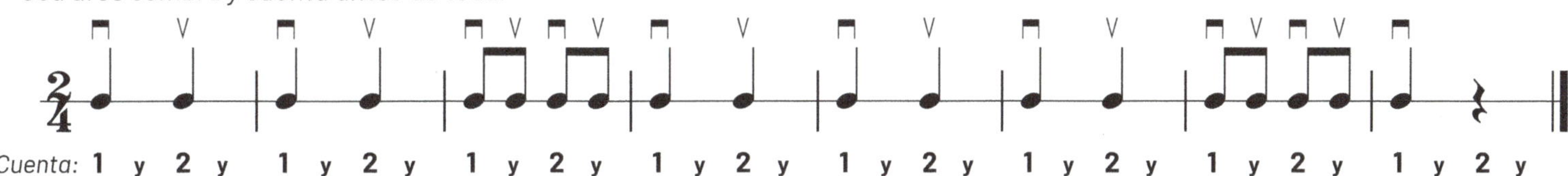


## 75. Dos por dos

### 1ª y 2ª repetición

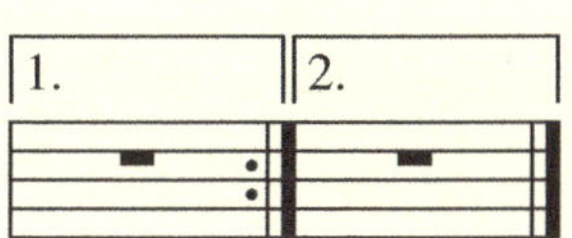


Toca la 1ª repetición. Luego, toca la misma sección de música, salta la 1ª repetición, y toca la 2ª repetición.

TEORÍA

## 76. Pequeño examen de ESSENTIAL ELEMENTS – ¡Por el amor de Dios!

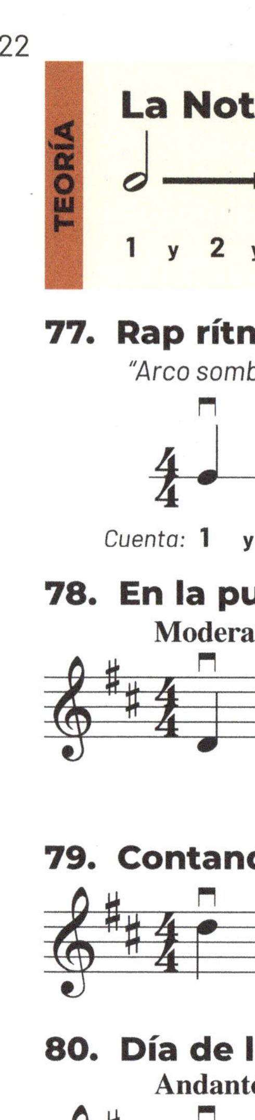


## La Nota Blanca

= 2 pulsos

1 y 2 y

## El Silencio de Blanca

= 2 pulsos en silencio

1 y 2 y

### 77. Rap rítmico

*"Arco sombra" y cuenta antes de tocar*

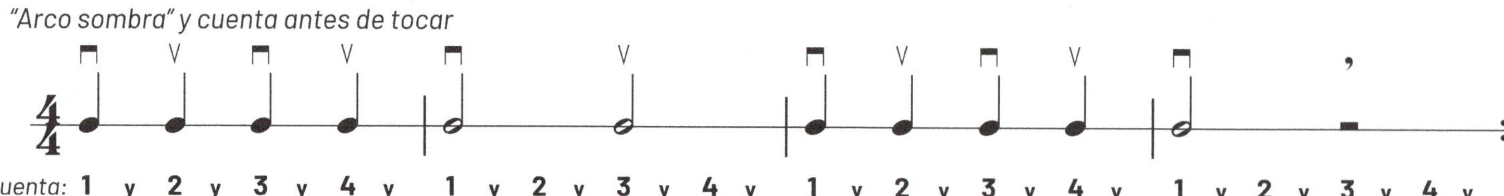

### 78. En la puerta de Pierrot

Canción folclórica francesa

### 79. Contando las notas blancas

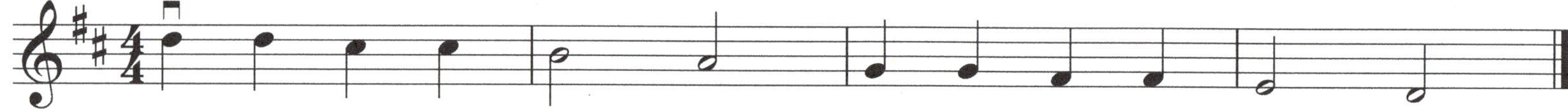

### 80. Día de los abuelos

Canción folclórica estadounidense

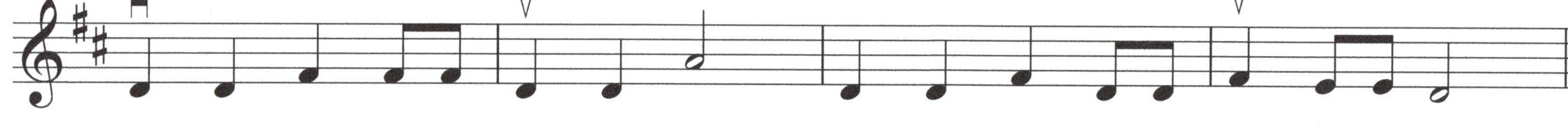

## Signos de Repetición

Repite la sección de música que está dentro de los signos de repetición. (Si se usan la 1ª y la 2ª terminaciones, se tocan como de costumbre – pero se regresa solo al primer signo de repetición, no al principio.)

### 81. Michael Row the Boat Ashore

Canción folclórica estadounidense

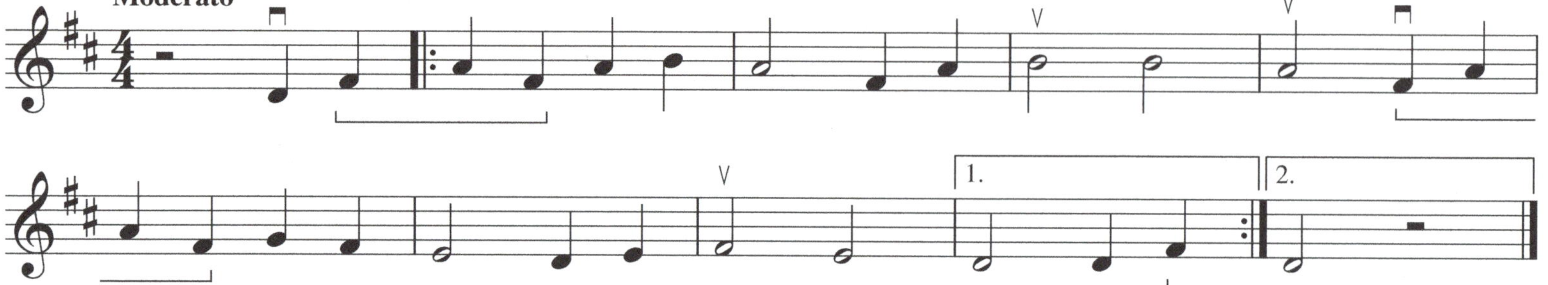


### 82. Dos-Cuerdas de Texas

*Sosteniendo el violín en la posición del hombro, toca el 4° dedo de la mano izquierda con pizzicato. 4+ = 4° dedo pizz.*

*¿Estas buscando más música divertida para tocar? Ve a la contraportada y busca las instrucciones de cómo acceder a las canciones populares más recientes. Canciones adiciónales.*

## EL 4° DEDO

Tu **4° dedo** se usa con frecuencia para igualar la nota de siguiente cuerda al aire más aguda, lo cual crea un tono más suave y con menos cambios de cuerda al usar el arco.

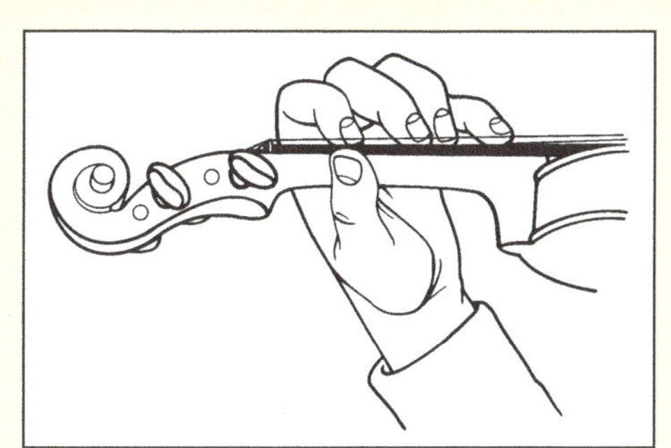

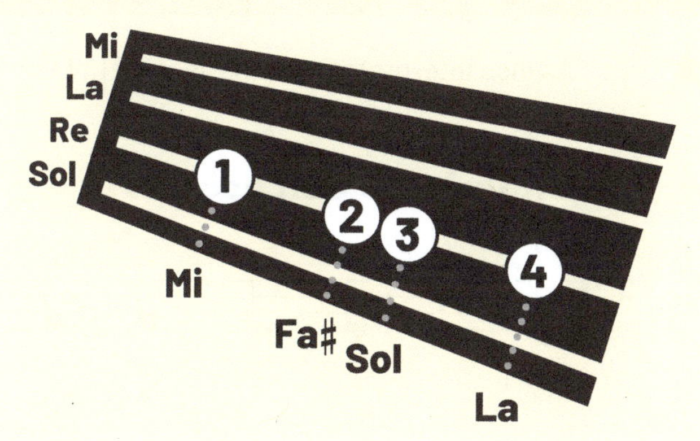


### 83. Cuatro por cuatro

### 84. Maratón del 4° dedo

### 85. Volando alto

**HISTORIA**

El compositor alemán **Ludwig van Beethoven** (1770-1827) fue uno de los compositores más grandes del mundo. A pesar de que él ya estaba completamente sordo en el año 1802, él podía "escuchar" la música en su mente. "Oda a la Alegría" es el nombre del tema de su última *Sinfonía, la # 9*. Esta obra fue compuesta basada en el texto de un poema escrito por Friedrich von Schiller. "La Oda a la Alegría" fue presentada siendo destacada en los conciertos que celebraron la unificación de Alemania en 1990.

### 86. Pequeño examen de ESSENTIAL ELEMENTS – Oda a la alegría

Ludwig van Beethoven

# MOMENTO ESTELAR

Los buenos intérpretes solistas llegan a tiempo con sus instrumentos y música listos, apropiadamente vestidos, y saben tocar su música bien.

## 87. Calentamiento con escalas

## 88. Frère Jacques – Ronda *(cuando el grupo A llega al ②, el grupo B empieza en el ①)*

Canción folclórica francesa

**Moderato**

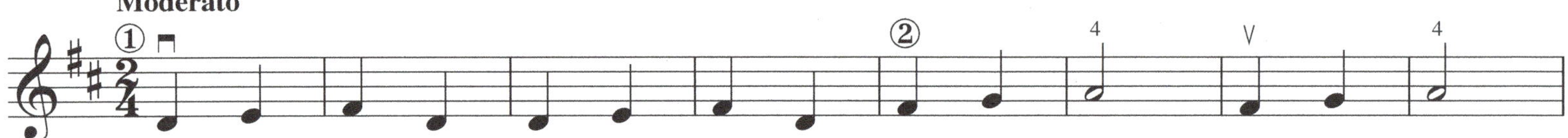


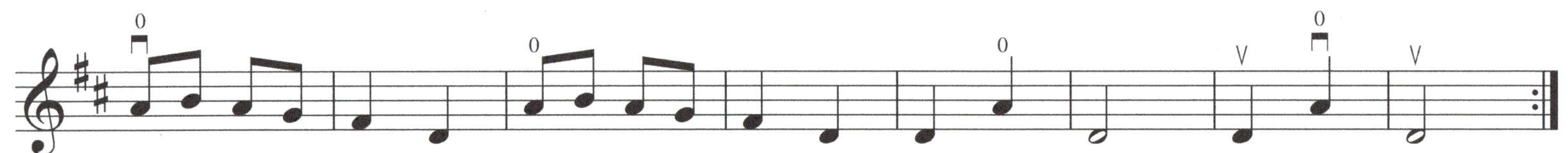


| TEORÍA | **Acorde, Harmonía** | Dos o más notas que suenan al mismo tiempo forman un **acorde** o una **harmonía**. En este libro, **A**= Melodía y **B**= Harmonía. |
|---|---|---|

## 89. Boil 'em Cabbage Down – Arreglo para Orquesta

Melodía de violín estadounidense

**Allegro**

5 ◄ *Numero de compás*

# MOMENTO ESTELAR

## 90. Ronda inglesa

## 91. Remando Suavemente – Arreglo para orquesta

**HISTORIA**

El compositor francés **Jacques Offenbach** (1819-1880) fue el creador de la **opereta** y tocaba el violonchelo. Una **opereta** es una forma de entretenimiento que combina varias de las bellas artes: Música vocal e instrumental, drama, teatro, baile, y artes visuales. Una de sus piezas más famosas es el "Can-Can", que es un baile de Orfeo en los infiernos. Esta obra es muy popular y fue escrita en el 1858, solamente 3 años antes del comienzo de la guerra Civil de los Estados Unidos (1861-1865).

## 92. "Can-Can" – Arreglo para orquesta

Jacques Offenbach
Arr. John Higgins

✔ ¿Cuales fueron los puntos fuertes de tú presentación?

## NOTAS EN LA CUERDA SOL

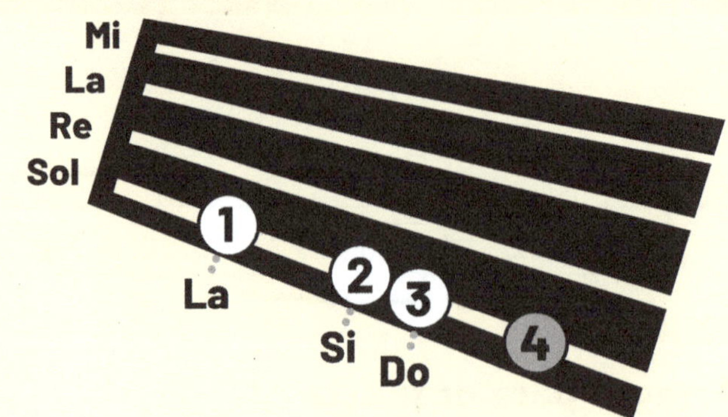


**Do** Do se toca con 3 dedos en la cuerda Sol

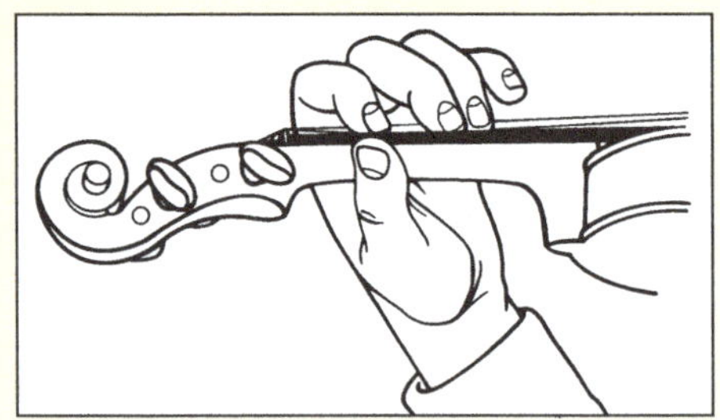

**Si** Si se toca con 2 dedos en la cuerda Sol

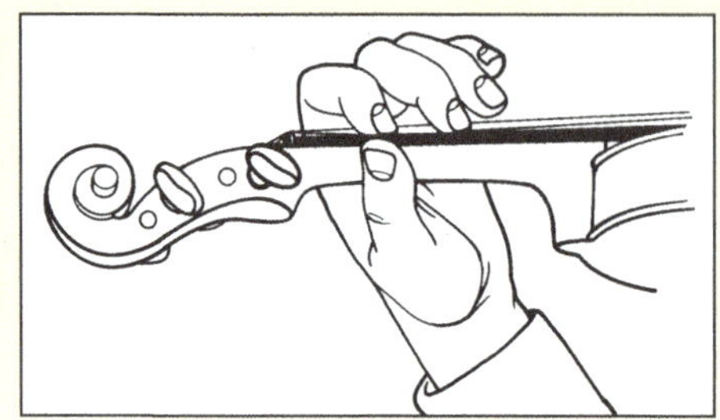

**La** La se toca con 1 dedo en la cuerda Sol

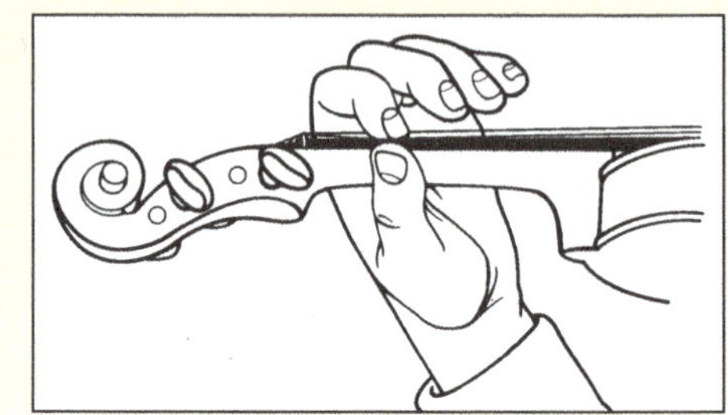

### HABILIDADES AUDITIVAS

Escucha con atención y repite lo que el profesor toca.

**TEORÍA**

### Tonalidad de Sol Mayor

Toca todas las notas Fa cómo Fa♯ (Fa sostenido) y todas las notas Do cómo (Do natural)

### Líneas adicionales

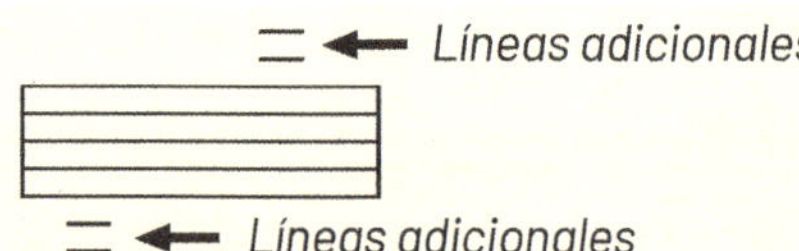


Las líneas adicionales extienden el pentagrama hacia arriba o hacia abajo.

### 93. Leamos "Sol"

▲ *Toca los Fa♯ y los Do♮ en esta tonalidad.*

### 94. Leamos "Do" (Do-natural)

### 95. Leamos "Si"

### 96. Leamos "La"

**97. Paseando** *Decir las notas antes de tocar.*

**98. Escala de Sol mayor** *Decir los nombres de las notas antes de tocarlas.*

**99. Re con el 4° dedo**

**Armadura de compás**

C = compás de compás illo (Igual que 4/4)

**Dirigiendo**

Practica dirigir este patrón de 4 tiempos.

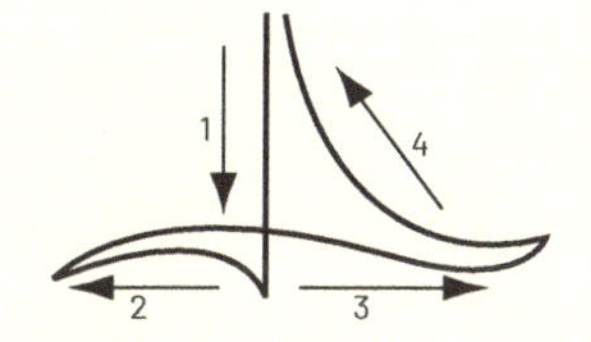


TEORÍA

**100. Tonos graves**

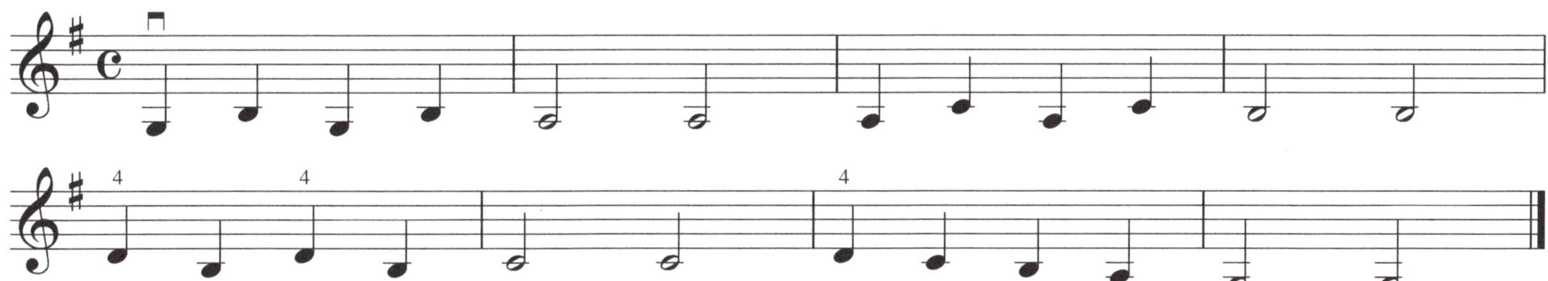


**101. Bee Bee Oveja negra**

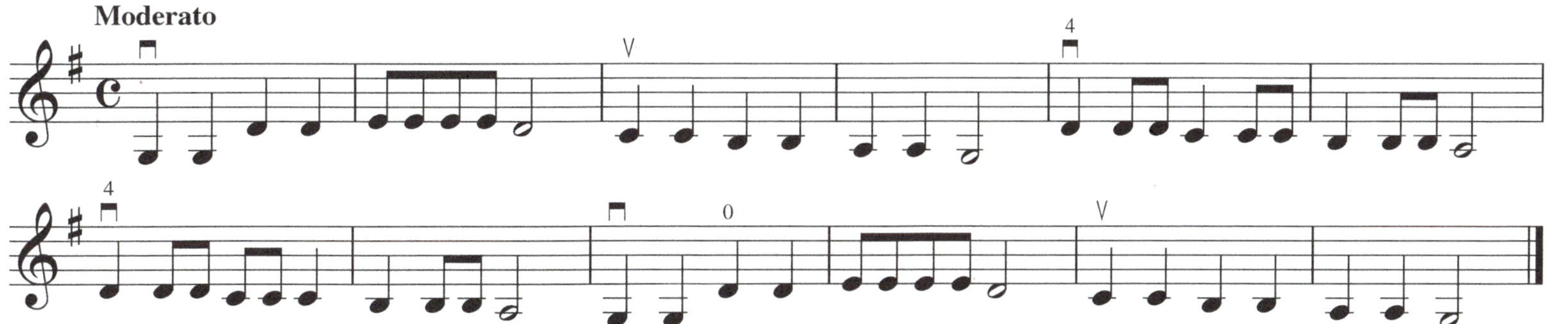


**102. Pequeño examen de ESSENTIAL ELEMENTS – This Old Man** Canción folclórica estadounidense

TEORÍA

## Armadura de Compás *(Métrico)*

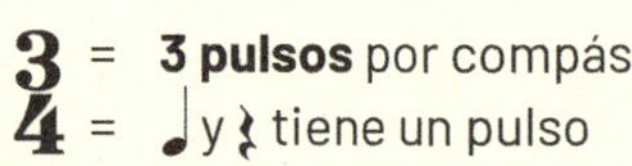

3 = **3 pulsos** por compás
4 = ♩ y 𝄽 tiene un pulso

## Dirigiendo

Practica dirigir este patrón de tres pulsos.

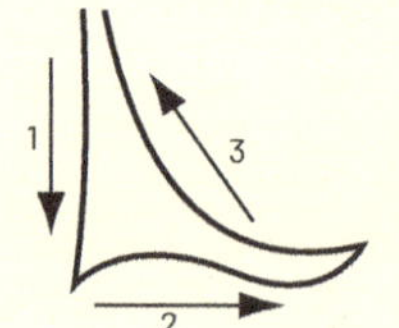


## La blanca con puntillo

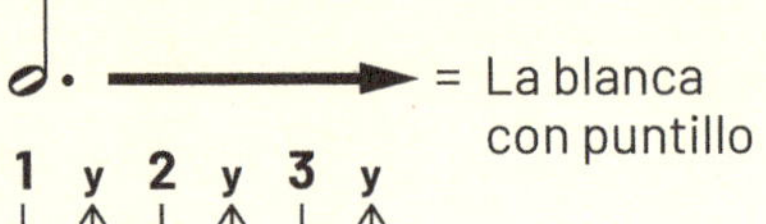


= La blanca con puntillo

𝅗𝅥. ◄ **EL PUNTILLO**

El puntillo aumenta la mitad del valor de la nota.

**2 pulsos + 1 pulso = 3 pulsos**

### 103. Rap rítmico

*Usa arco sombra y cuenta antes de tocar.*

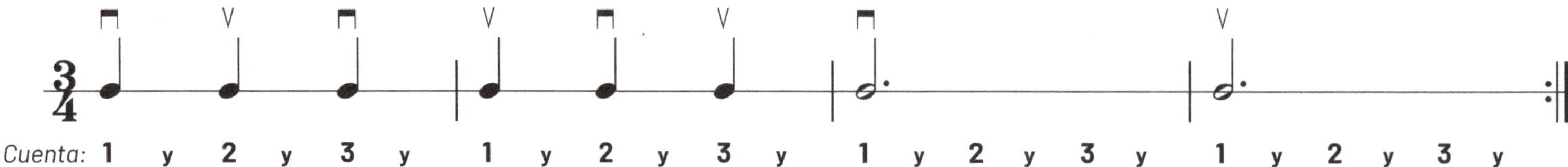


### 104. Contando a 3

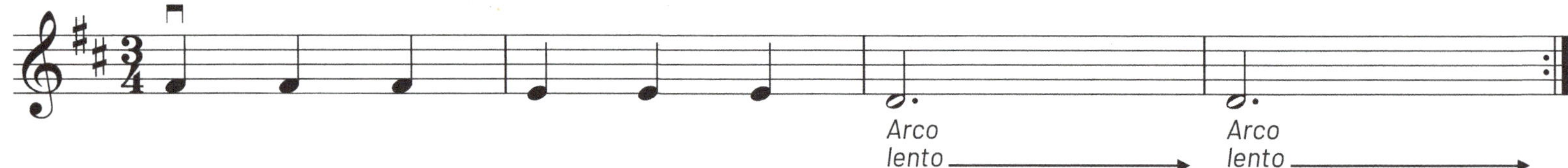


### 105. Escala de Re mayor en tres

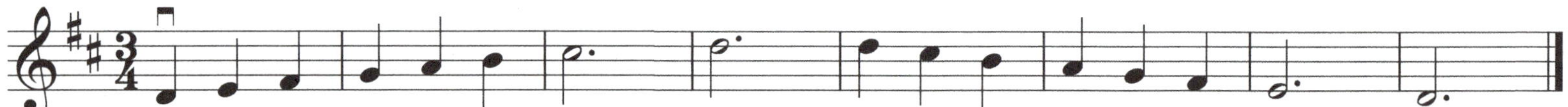

### 106. Canción folclórica francesa

Cancion folclórica francesa

**Moderato**

### 107. Pequeño examen de ESSENTIAL ELEMENTS – Canción del marinero

**Allegro**

Canción Inglesa de mar

▲ *Escribe el compás correcto antes de empezar a tocar.*

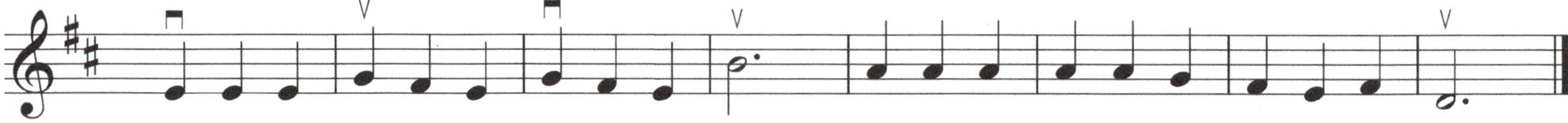

## Ligadura

La **ligadura** es una línea curva que conecta las notas del **mismo** sonido. Toca la nota una sola vez y suma los pulsos de ambas notas.

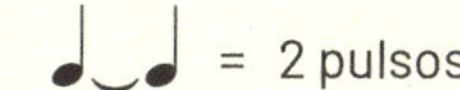


TEORÍA

### 108. Listo para hacer ligados

## Ligadura de expresión

Una **Ligadura** de expresión es una línea curva que conecta dos o mas notas **diferentes**. Toca las notas ligadas en el mismo arco.

TEORÍA

### 109. Parar y seguir

### 110. Ligando las notas

### 111. Navegando tranquilamente

### 112. Ligaduras en Re mayor

### 113. Cambios de cuerdas

### 114. Arcos deslizantes

### 115. Al revés

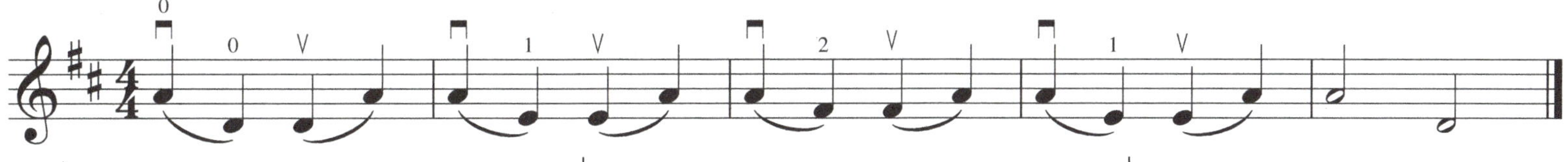

TEORÍA

## Anacrusa

Es una nota (o grupo de notas) que aparece antes del primer compás completo se le llama **Anacrusa**. Los pulsos restantes se encontrarán en el último compás.

### 116. Canción para María

TEORÍA HISTORIA

**La música latinoamericana** combina las tradiciones folclóricas de Suramérica y Centroamérica, y las islas del Caribe, con influencias africanas, españolas y portuguesas. Las melodías se destacan por tener un acompañamiento enérgico de las tamboras, maracas y claves. Los estilos de América latina han llegado a ser parte de la música de jazz, música clásica y música de rock.

## D.C. al Fine

Toca hasta que veas el **D. C. al Fine**. Luego regresa al principio de la pieza, y toca hasta que veas **Fine**. **D.C.** es la abreviación de Da Capo, que en italiano significa, "retornar al principio". **Fine** es una palabra italiana que significa "el final".

### 117. Canción del barco bananero

Canción Folklorica Caribeña

Moderato

Fine

D.C. al Fine

### 118. Firoliralera – Arreglo para orquesta

Canción folclórica Mexicana
Arr. John Higgins

Allegro

A

B

anacruza

anacruza

Ligadura

Ligadura

# CREANDO HABILIDADES – Sol Mayor

**119.**

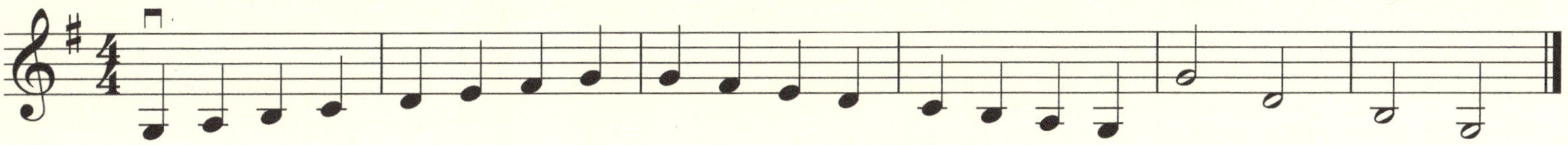

**120.**

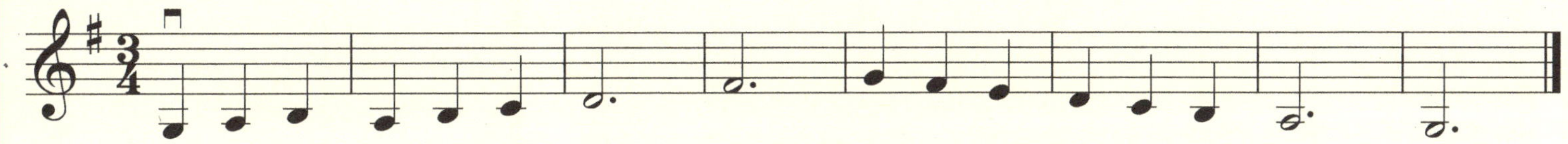

**121.**

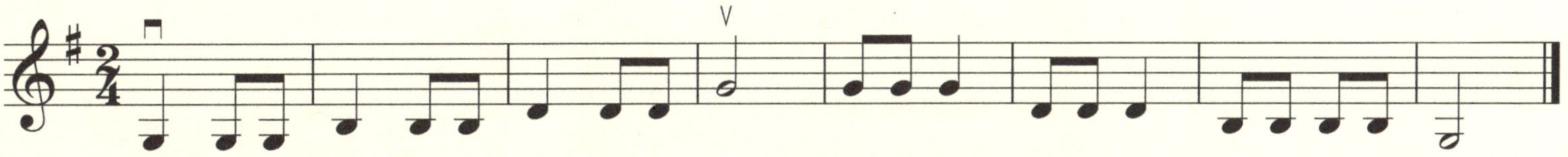

**122.**

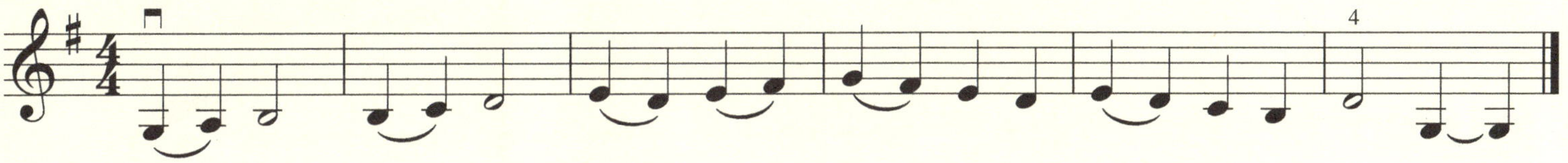

**123.**

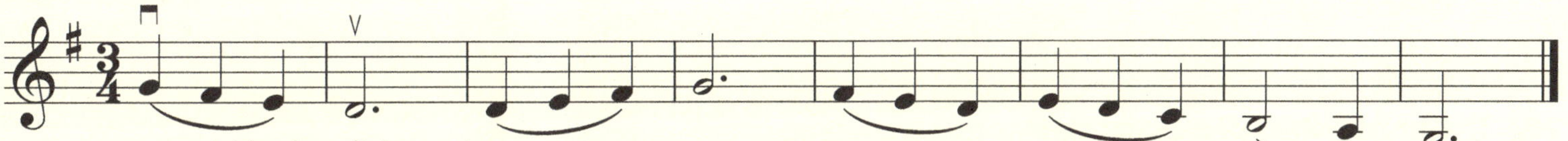

▲ *Ligadura de tres notas*

**124.**

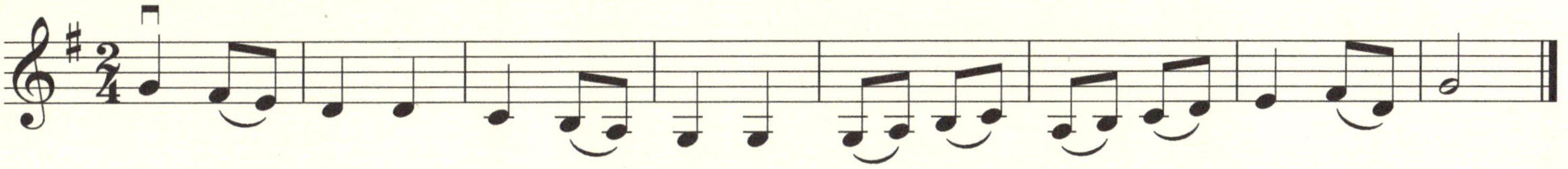

**HISTORIA**

La música del Lejano Oriente proviene de países como Malasia, Indonesia, China y otras regiones de Asia. Los historiadores creen que las primeras orquestas, conocidas como gamelanes, existían en esta zona ya en el siglo I a.C. En la actualidad, los *gamelanes* incluyen instrumentos como rebabs (violines de púas), gongs, xilófonos y una amplia variedad de instrumentos de percusión.

## 125. Jingli Nona

Canción folclórica del lejano oriente

**Allegro**

*¿donde está el 4º pulso?* ▲

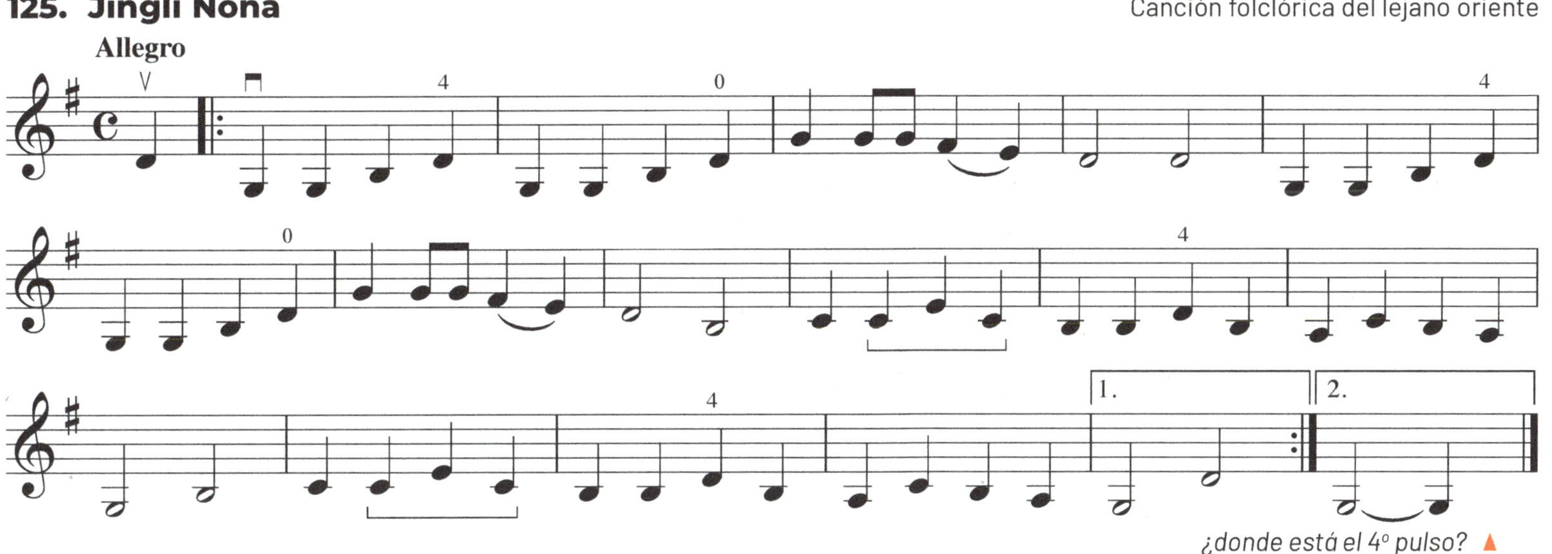

# NUEVO PATRON DE DEDOS

## 2do dedo bajo *(Semitono entre dedo uno y dos)*

**Paso 1**
Coloca tu mano izquierda como muestra el diagrama. Asegúrate que la palma de tu mano esta frente a ti. Fíjate que tu 2° dedo toque ligeramente el 1° dedo.

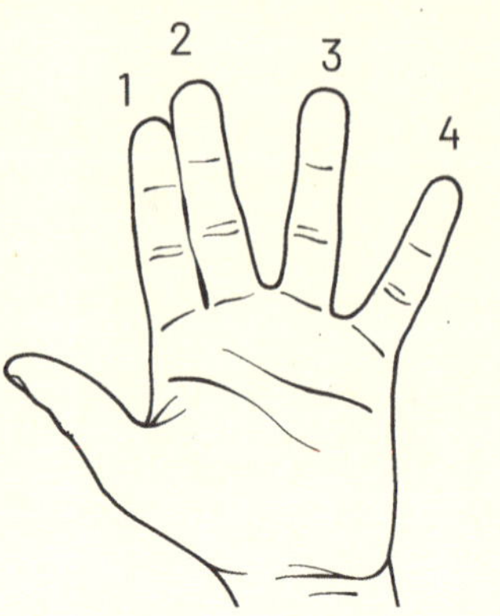


**Paso 2**
Pon tu mano en el diapasón. Tu 2° dedo toca ligeramente el 1° dedo. Hay un espacio entre el 2° y el 3° dedo y también entre tu 3° dedo y el 4° dedo.

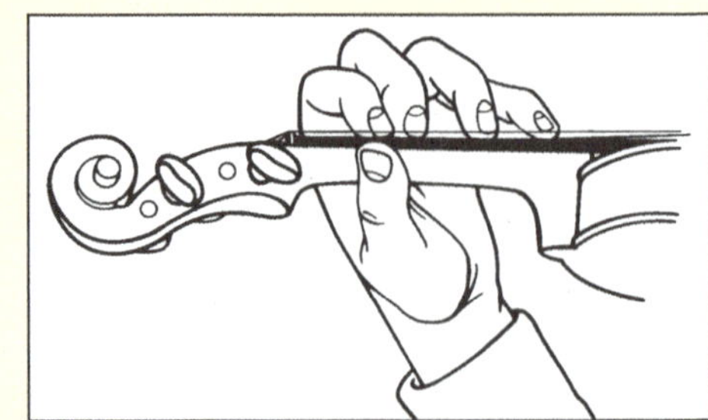

## Fa

La nota Fa se toca con el segundo dedo bajo en la cuerda Re.

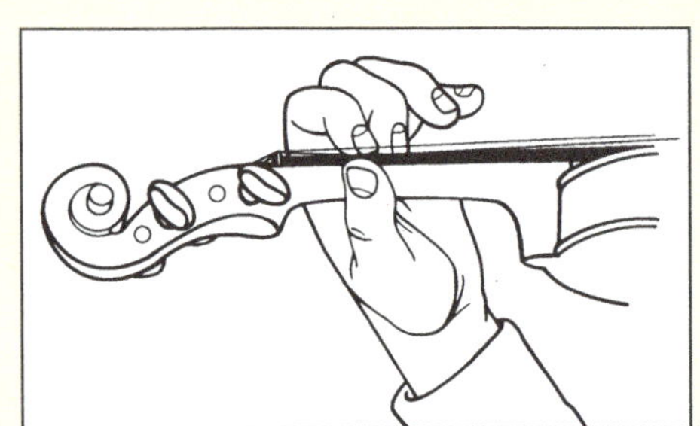

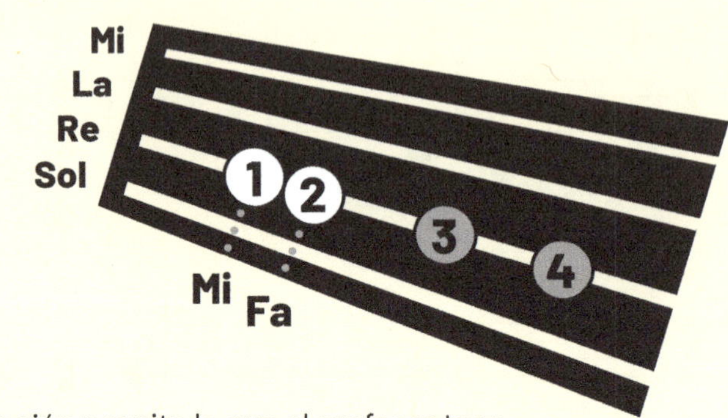


**HABILIDADES AUDITIVAS** Escucha con atención y repite lo que el profesor toca.

TEORÍA

### El becuadro ♮

El signo de becuadro cancela un bemol (♭) o un sostenido (♯) y se mantiene en efecto durante todo el compás.

### 126. Leamos "Fa" (Fa-natural)

TEORÍA

**Semi tono** Un semi tono es la distancia más pequeña entre dos notas.

**Tono completo** Un tono completo son dos semi tonos combinados.

### 127. Tono y semitono

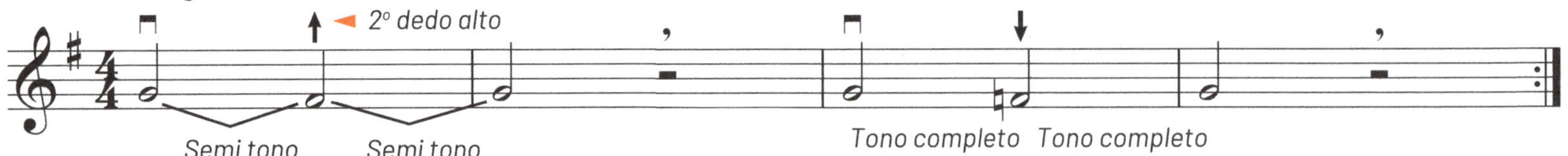


### 128. El chico espía

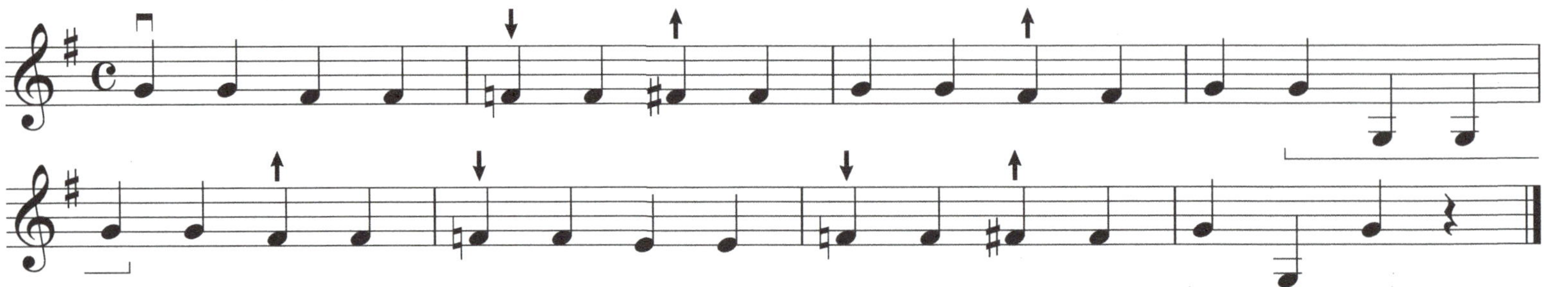

### 129. Detalles menores

# NUEVO PATRÓN DE DEDOS

## 2do dedo bajo en la cuerda La

Coloca tu mano izquierda en la cuerda la como muestra el diagrama

### Do

Do se toca con el segundo dedo bajo.

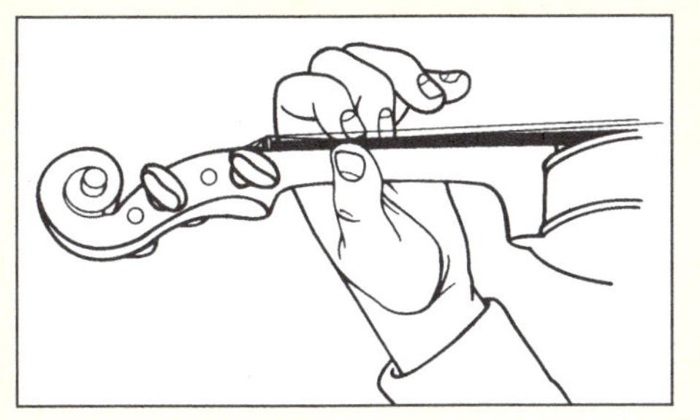

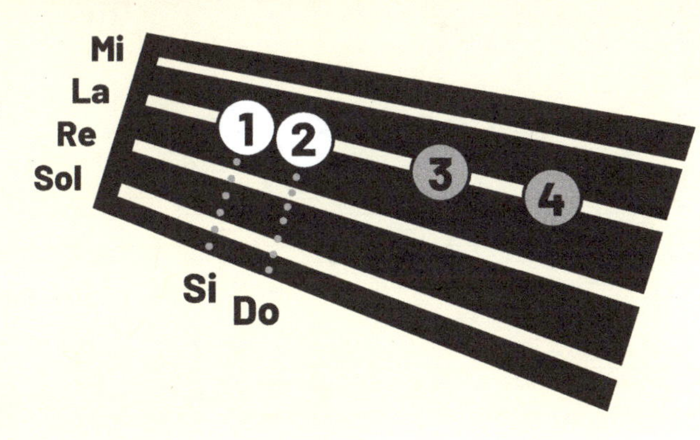


**HABILIDADES AUDITIVAS** Escucha con atención y repite lo que el profesor toca.

**130. Leamos "Do" (Do-natural)**

**131. Repaso de semitono y un tono**

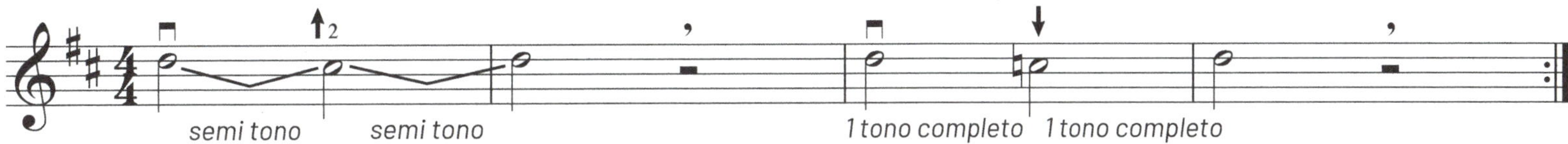


**Notas Cromáticas**

**Las notas cromáticas** son notas alteradas con sostenidos, bemoles y naturales. Un patrón cromático consiste en dos o más notas en una secuencia de semi tono.

TEORÍA

**132. Movimientos cromáticos**

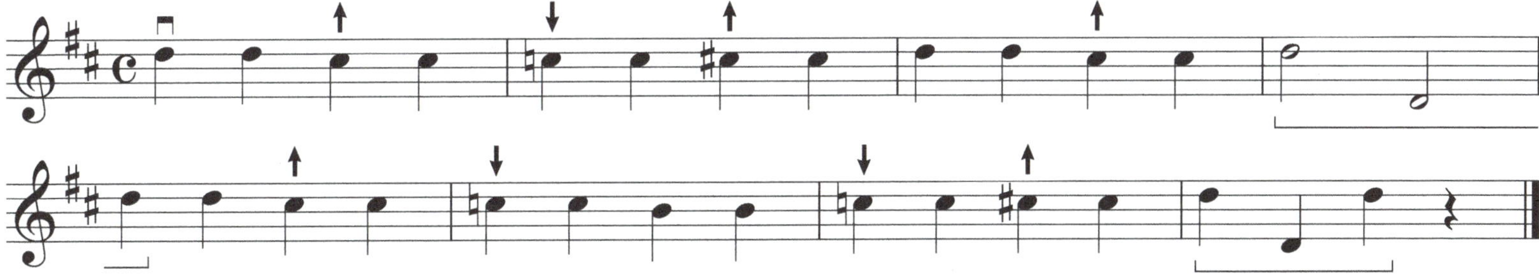

**133. El especial Stetson**

**134. Canción del pájaro azul**

Canción folclórica de Texas

TEORÍA

## Armadura de clave Do Mayor

Todas las notas son naturales

### 135. Ala de Do mayor – Ronda

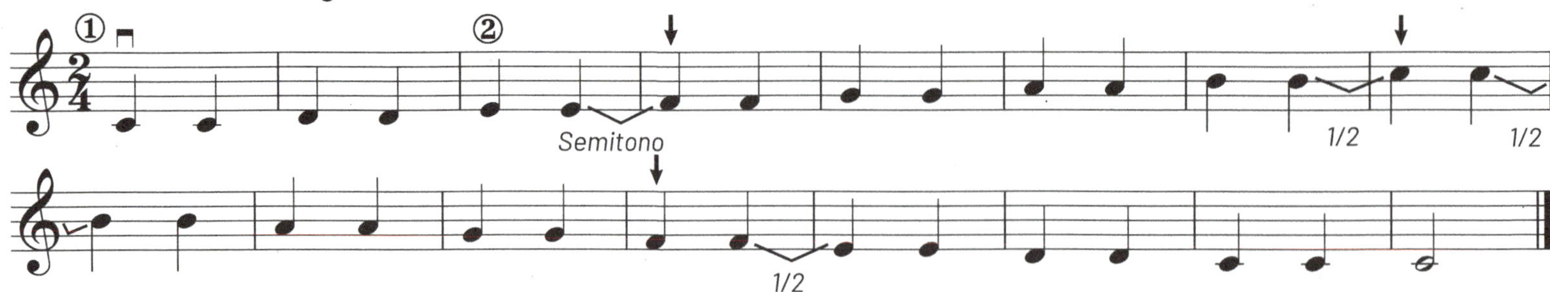


## Dueto

Es una composición con dos partes diferentes, que se tocan juntas.

### 136. Decisión Dividida – Dueto

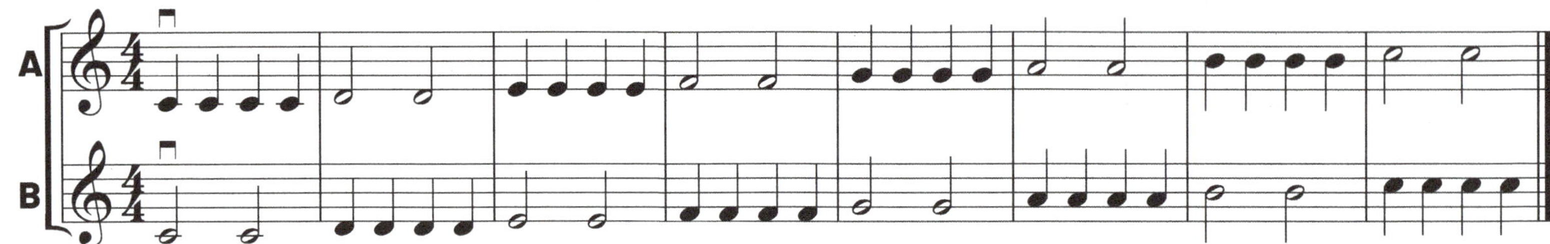


### 137. Roble Hueco

### 138. A-Tisket, A-Tasket

HISTORIA

En la segunda mitad del 1800 muchos compositores trataron de expresar el espíritu de sus propios países, a través de la música que escribían con un inconfundible sabor nacional. Escucha la musica de los compositores Rusos como Borodin, Tchaikovsky, y Rimsky - Korsakov. Muchas veces ellos utilizaron canciones folclóricas y ritmos de bailes para transmitir su nacionalismo. Describe los sonidos que escuchas.

### 139. Pequeño exámen de ESSENTIAL ELEMENTS – Cancion folclórica rusa

**Alerta** Esta página mezcla patrones de los dedos. Presta atención a tu segundo dedo bajo en el do natural y a tu segundo dedo alto en el fa sostenido.

## 140. Bingo

Canción de juego inglesa del siglo 1800

**HISTORIA**

El compositor Inglés **Thomas Tallis** (1505-1585) trabajó en la corte real durante los reinos de Henry VII, Edward VI, María y Elizabeth I. Los compositores y los artistas durante esta época querían recrear las glorias artísticas y científicas de la antigua Grecia y Roma. El gran artista Miguel Angela Buonarroti pintó la Capilla Sixtina, durante la vida del Sr Tallis. Las **rondas** y los **cánones** eran formas populares de música durante el inicio del siglo 16. Divídanse en grupos, y toquen o canten el Canon de Tallis como una ronda en 4 partes.

## 141. Canon de Tallis – Ronda

Thomas Tallis

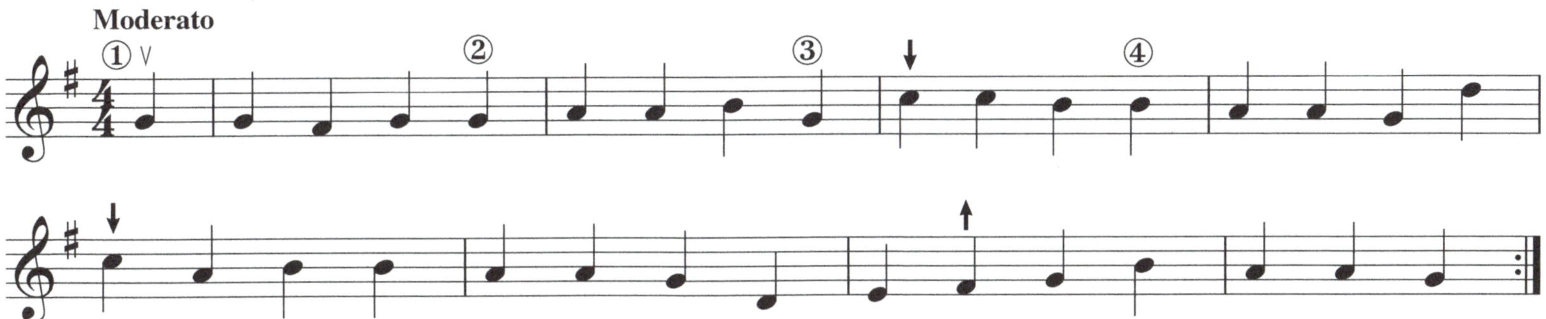


**TEORÍA**

## Tema y variaciones

**Tema y variaciones** es una forma musical en la que un tema, o melodía, es seguido por diferentes versiones del mismo tema.

## 142. Variaciones sobre una canción conocida

**Variación 2** – *Inventa tu propia variación*

## 143. Creatividad esencial – Canción de cumpleaños

*Ahora toca la línea de nuevo y crea tu propio ritmo.*

## Ejercicio especial para el violín

Escribe el nombre de las notas en las líneas de abajo.

## Trabajo en equipo

Los grandes músicos alientan a sus compañeros de interpretación. Los violistas y violonchelistas ahora aprenderán nuevas notas desafiantes. El éxito de tu orquesta depende del talento y la paciencia de todos. Toca lo mejor que puedas mientras estas secciones avanzan en su técnica musical.

## HABILIDADES AUDITIVAS

Escucha con atención y repite lo que el profesor toca.

### 144. Leamos "Do" – Repaso

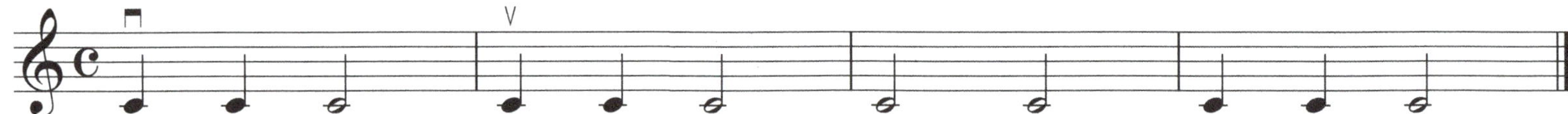

### 145. Leamos "Fa" – Repaso

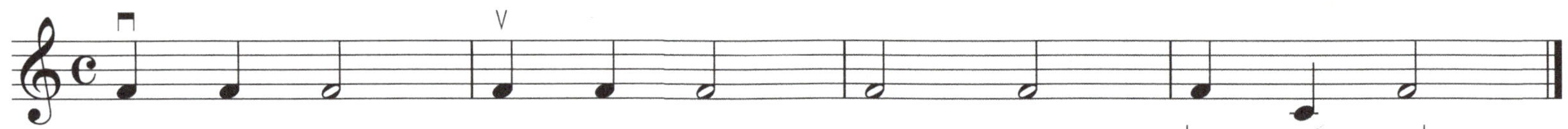

### 146. Leamos "Mi" – Repaso

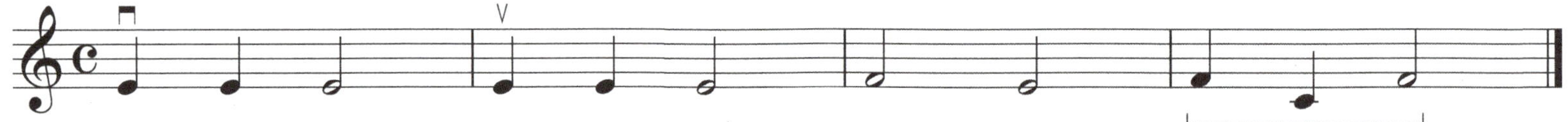

### 147. Leamos "Re" – Repaso

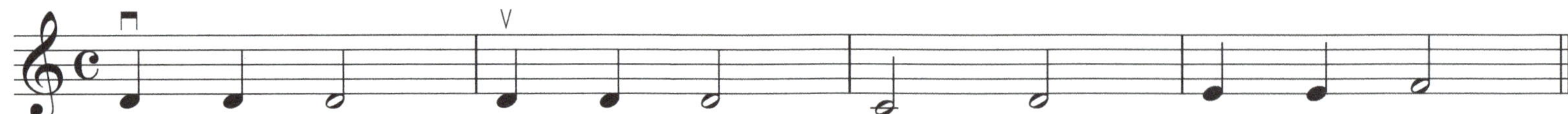

### 148. Juntos *Di el nombre de las notas antes de tocarlas.*

### 149. Escala de Do mayor

Redonda
= 4 pulsos
1 y 2 y 3 y 4 y
Silencio de Redonda
= un compás completo de pulsos en silencio
1 y 2 y 3 y 4 y
El silencio de Redonda
cuelga de una línea del pentagrama
El silencio de blanca
está sentado en una línea del pentagrama.
TEORÍA
150. Ritmo de rap
Usa arco sombra y cuenta antes de tocar.
Cuenta: 1 y 2 y 3 y 4 y 1 y 2 y 3 y 4 y 1 y 2 y 3 y 4 y 1 y 2 y 3 y 4 y 1 y 2 y 3 y 4 y 1 y 2 y 3 y 4 y
151. Arcos despacio
Arco despacio
Arco despacio
Arco despacio
152. Long Long Ago
T. H. Baily
Moderato
Arpegio
Un **arpegio** es un acorde cuyas notas se tocan una a la vez.
Tu primer arpegio usa la 1ª, 3ª, 5ª, y 8ª notas que pertenecen a la escala de Do.
TEORÍA
153. Escala y arpegio de la escala de Do mayor
Arpegio
154. Escucha las diferentes secciones
violín
viola
violonchelo
contrabajo
violín
viola
violonchelo
contrabajo
Todos
155. La melodía del lunes
Canción tradicional folclórica
Moderato
Fine
D.C. al Fine

## LAS NOTAS DE LA CUERDA MI

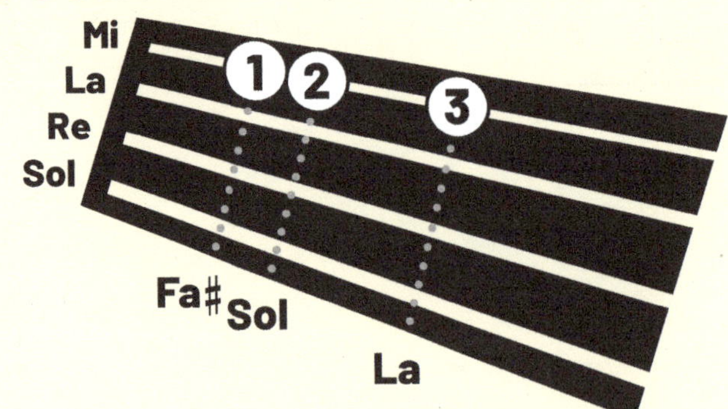


**La** La se toca con 3 dedos en la cuerda Mi.

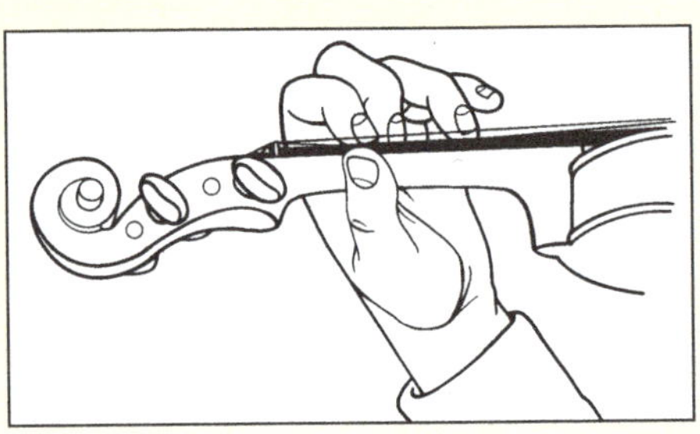

**Sol** Sol se toca con 2 dedos en la cuerda Mi.

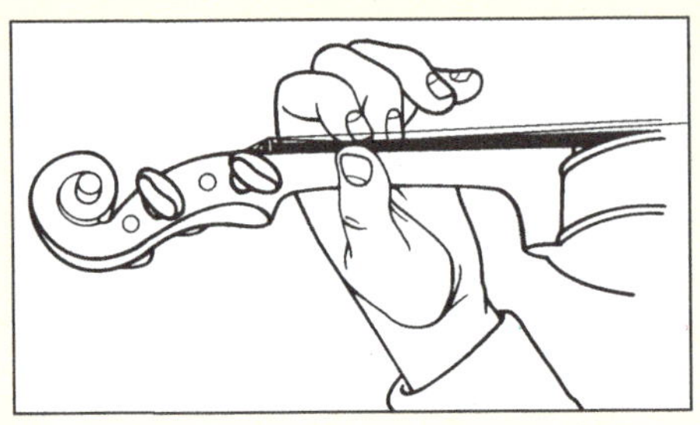

**Fa♯** Fa♯ se toca con 1 dedo en la cuerda Mi.

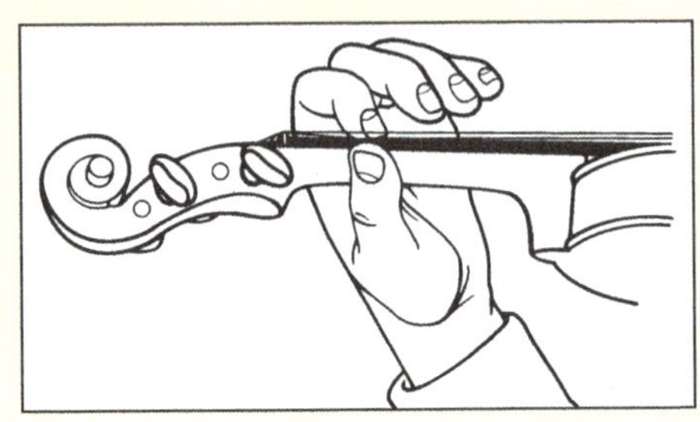

### HABILIDADES AUDITIVAS

Escucha con atención y repite lo que el profesor toca.

### 156. Leamos "Mi"

### 157. Leamos "La"

### 158. Leamos "Sol"

### 159. Leamos "Fa♯" (Fa♯-sostenido)

### 160. Avanzando *Nombra las notas antes de tocarlas.*

### 161. Escala de Sol mayor

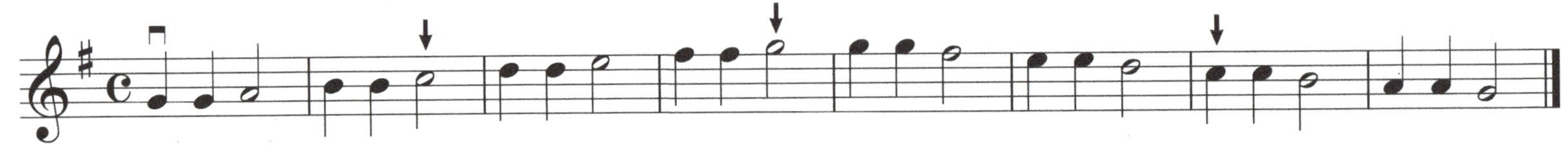

### 162. Saludo de los pastores

Canción folclórica inglesa

Moderato

### 163. La montaña de caramelos

Canción folclórica inglesa

Allegro

1. 2.

## Nota Nueva

**Si**

Si se toca con 4 dedos en la cuerda Mi

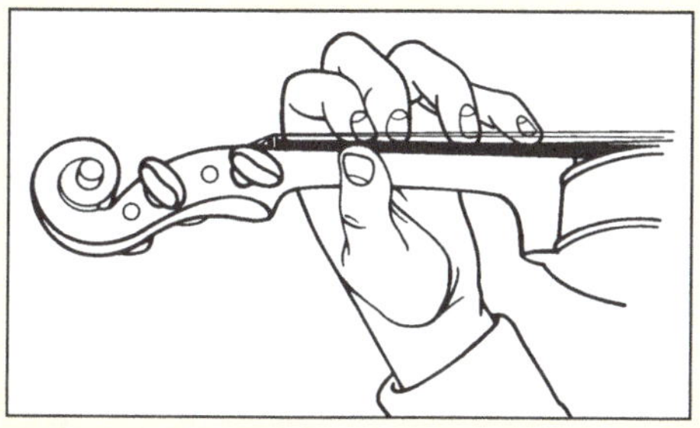

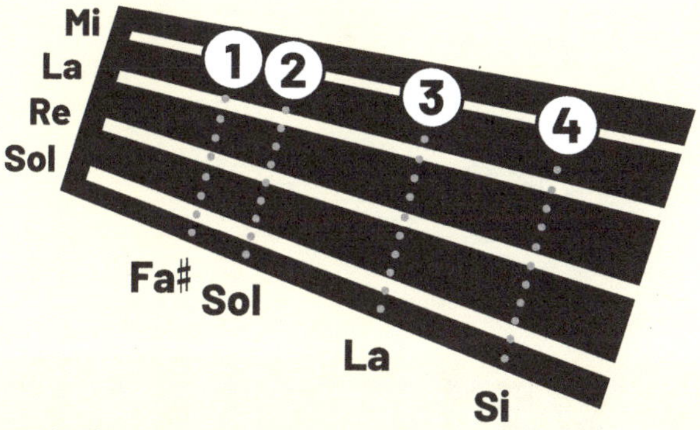

Mi
La
Re
Sol
1 2 3 4
Fa♯ Sol La Si

**HABILIDADES AUDITIVAS** Escucha con atención y repite lo que el profesor toca.

### 164. Leamos "Si"

### 165. Patinando en hielo

Moderato

### 166. Pequeño Examen de ESSENTIAL ELEMENTS – Tema de la Obertura del Festival Académico

Johannes Brahms

Moderato

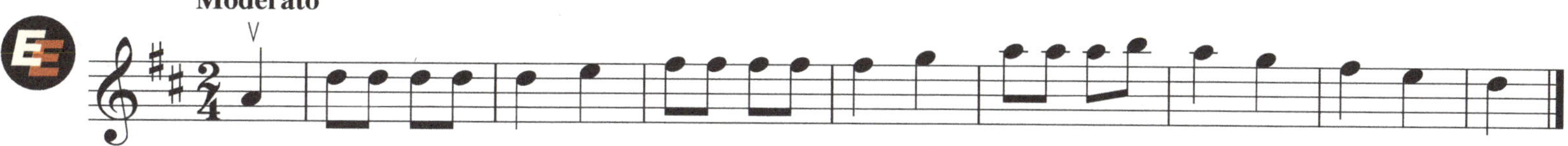

*Hay canciones adicionales disponibles en línea. Ver la contraportada para obtener más detalles.*

## Staccato

Las notas **staccato** se marcan con un punto encima o debajo de la nota. Una nota staccato se toca con un golpe de arco detenido. Escucha el espacio entre las notas staccato.

### 167. Tocando Staccato

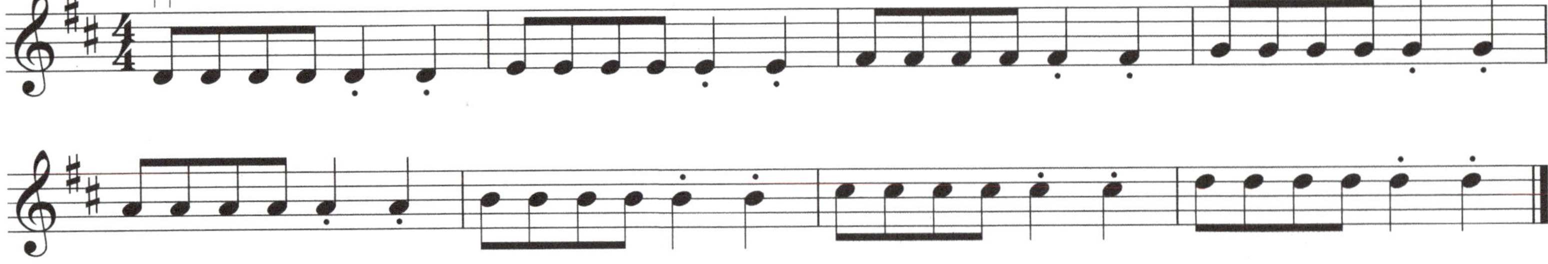

### 168. Viajero de Arkansas

Canción folclórica sudamericana

## CONSTRUYENDO HABILIDADES – Sol Mayor

### 169.

### 170.

### 171.

### 172.

4º dedo en la cuerda La = cuerda al aire Mi

### 173.

**Ligado Articulado** son dos o más notas tocadas en la misma dirección con (un espacio) o una parada entre una nota y otra.

## 174. Ligado articulado en Re mayor

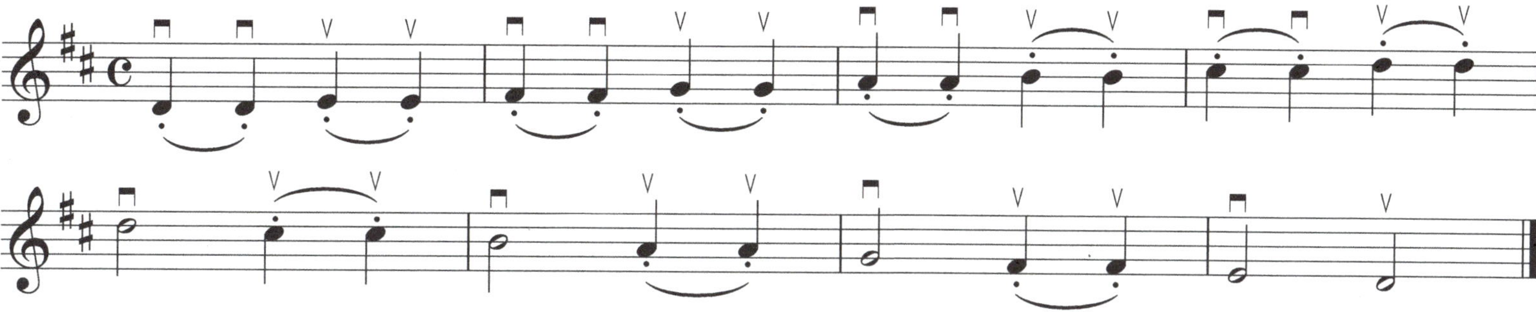

## 175. Arcos bailando un Vals

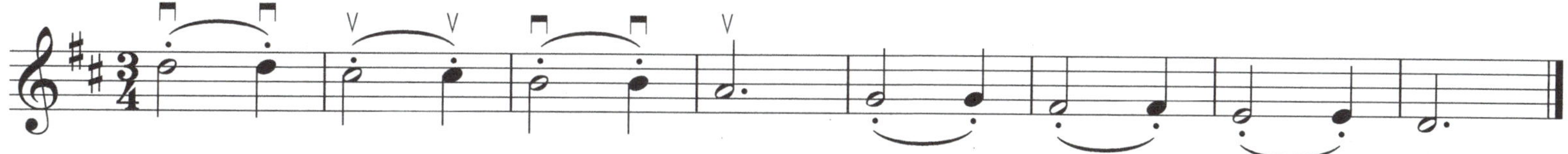

## 176. Pop Goes the Weasel

Canción folclórica estadounidense

# CONSTRUYENDO HABILIDADES – Do Mayor

## MATICES

**Los matices** nos dicen en que volumen debemos tocar o cantar.

*f* (forte) Toca mas fuerte. Añade más peso al arco.

*p* (piano) Toca suavemente. Quita peso del arco.

### 181. Forte y piano

### 182. Tema de la Sinfonía Sorpresa

Franz Josef Haydn

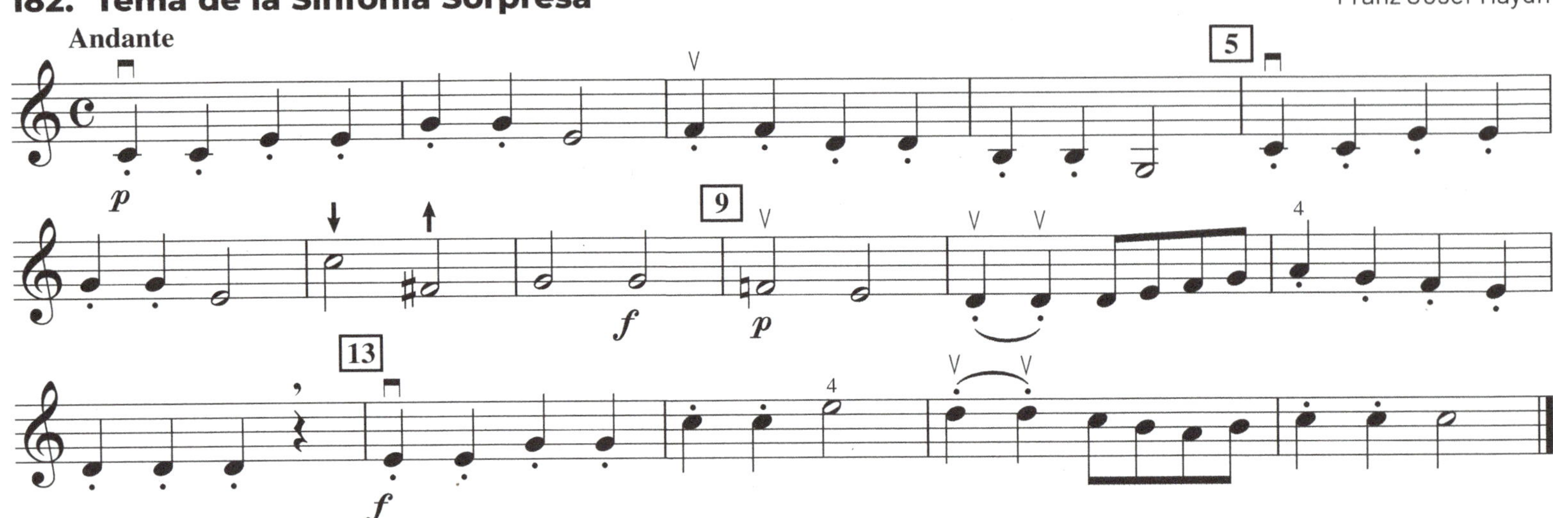


# CONSTRUYENDO HABILIDADES

## Escalas y Arpegios

Añade tus propios matices a la líneas de abajo.

### 183. Re mayor

### 184. Sol mayor

### 185. Sol mayor

### 186. Do mayor

### 187. Do mayor *(Octava baja – viola y violochelo)*

# MOMENTO ESTELAR

## 188. Cripple Creek – Arreglo para orquesta (**A** = melodía y **B** = harmonía)

Canción folclórica norteamericana
Arr. Michael Allen

**África** es un continente muy grande que está formado por muchas naciones, y la música folclórica de África es tan diversa como todas sus culturas. Esta es una canción folclórica de Kenia. La letra de esta canción describe los guerreros preparándose para la batalla. Escucha los ejemplos de las canciones folclóricas de África y describe sus sonidos.

**HISTORIA**

## 189. Tekele Lomeria – Arreglo para orquesta

Canción de guerra de Kenya
Arr. John Higgins

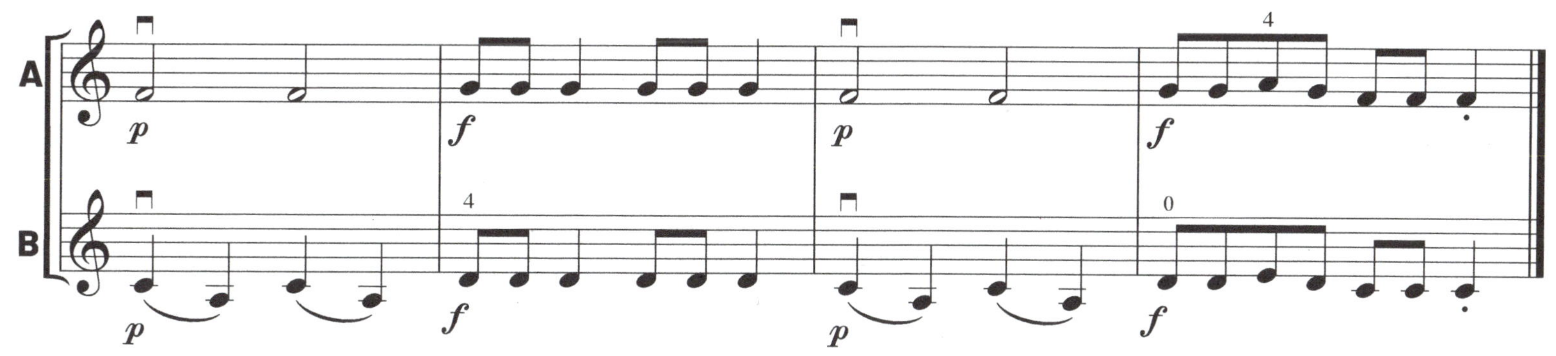

# MOMENTO ESTELAR

**HISTORIA**

El compositor italiano **Gioachino Rossini** (1792-1868) escribió algunas de las óperas más famosas del mundo. Guillermo Tell fue su última ópera , y su tema mas popular aún se escucha en la televisión.

## 190. Obertura de Guillermo Tell – Arreglo para orquesta

Gioachino Rossini
Arr. John Higgins

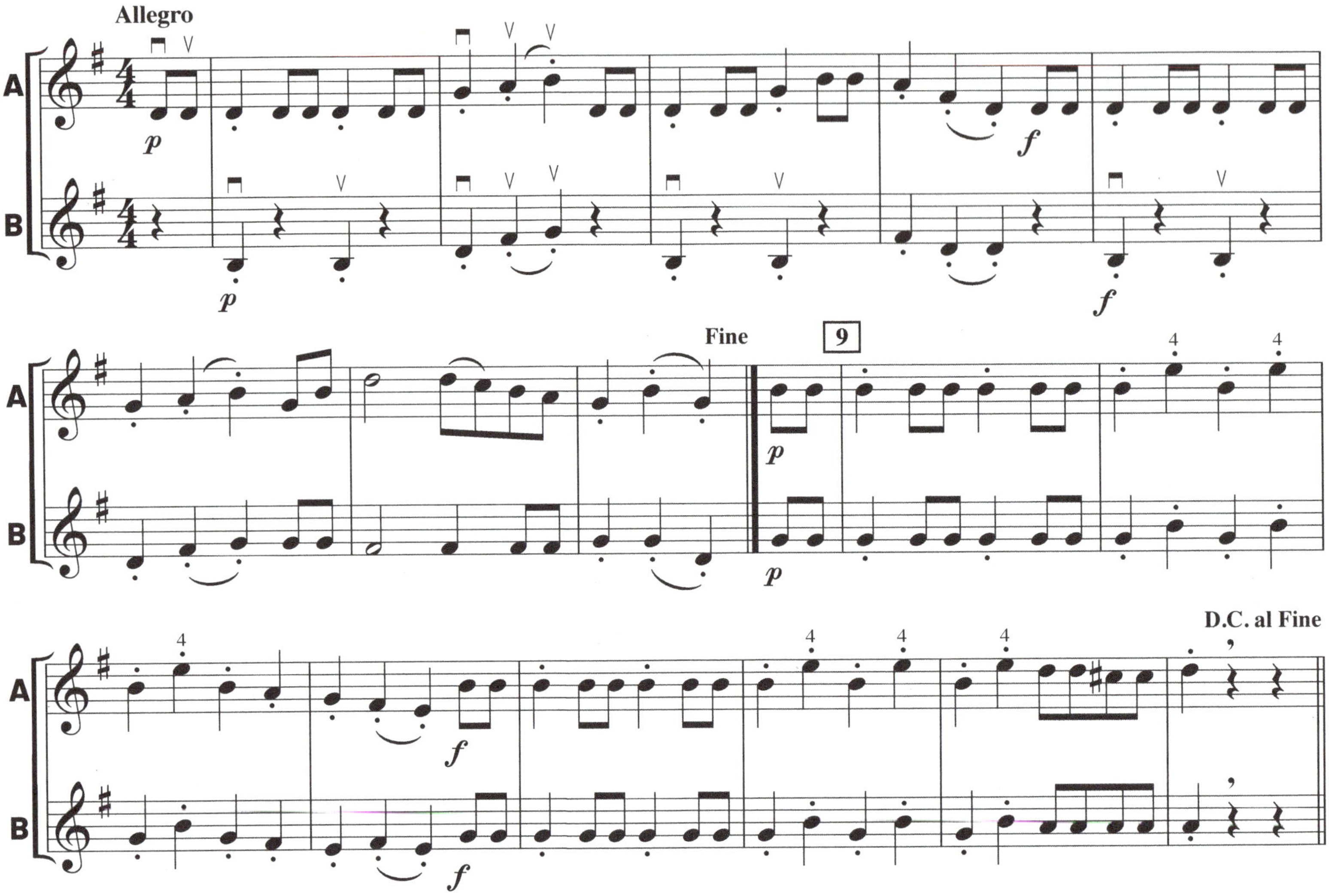
Allegro
A
B
Fine
9
D.C. al Fine

## 191. Cuerdas roqueras – Arreglo para orquesta

John Higgins

Moderato
A
B
1.
2.

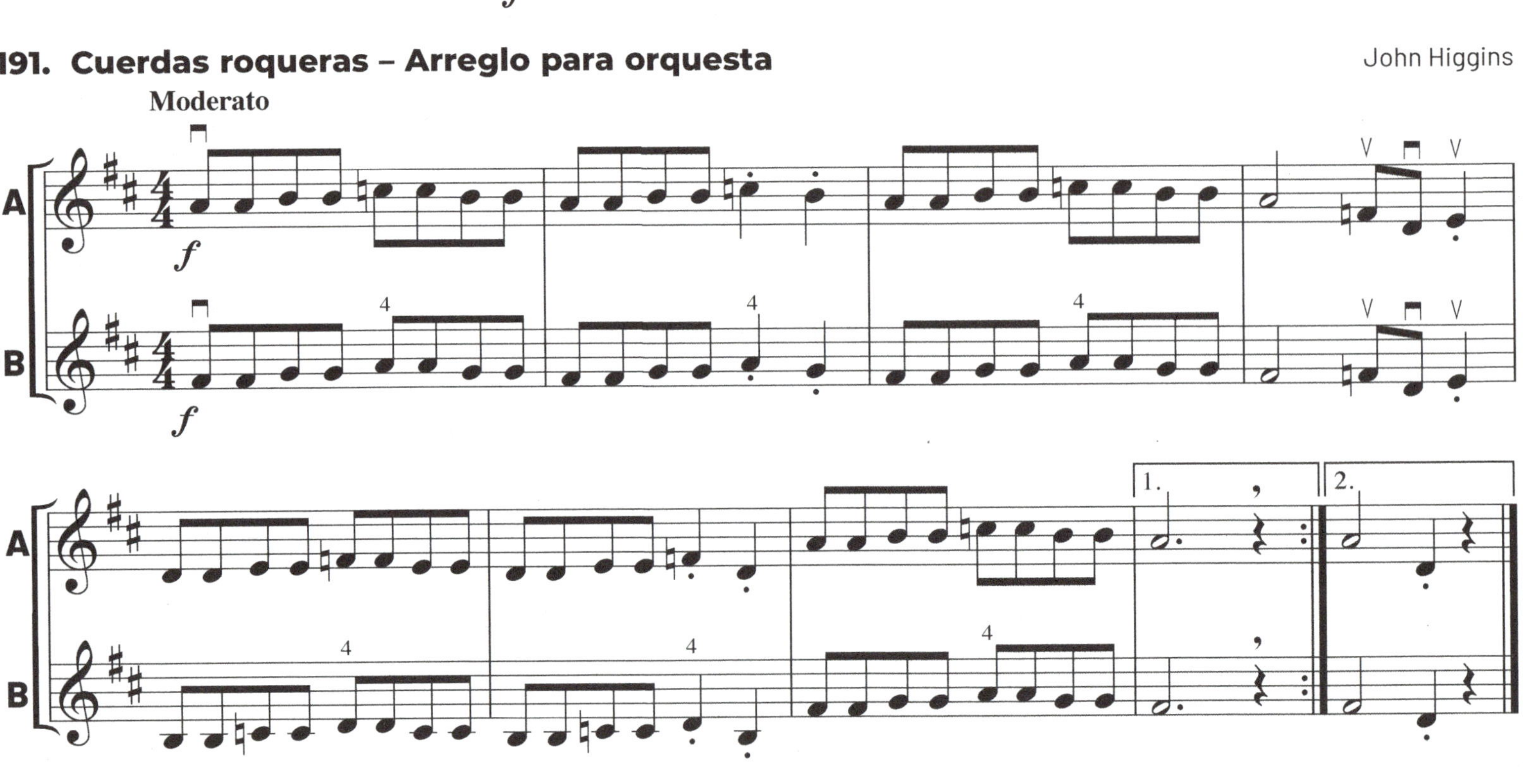

# MOMENTO ESTELAR

## 192. Simple Gifts – Arreglo para orquesta

Canción folclórica de los Shakers
Arr. John Higgins

# MOMENTO ESTELAR

## Solo con acompañamiento de piano

Un solo es una composición escrita para un solo músico, frecuentemente acompañado por el piano. Este solo fue escrito por **Johann Sebastian Bach** (1685-1750). Tú y tu acompañante al piano pueden tocar para la orquesta, tu escuela, tu familia y en otras ocasiones. Cuando hayas aprendido la pieza bien, trata de memorizarla. Tocar en un presentación para una audiencia es una parte emocionante de estar envuelto en la música.

### 193. Minueto No. 1 – Solo

Johann Sebastian Bach
Arr. John Higgins

**Improvisación** Improvisación es el arte de crear libremente tu propia música.

### 194. Sesión rítmica

*Utilizando las siguientes notas, improvisa tus propios ritmos.*

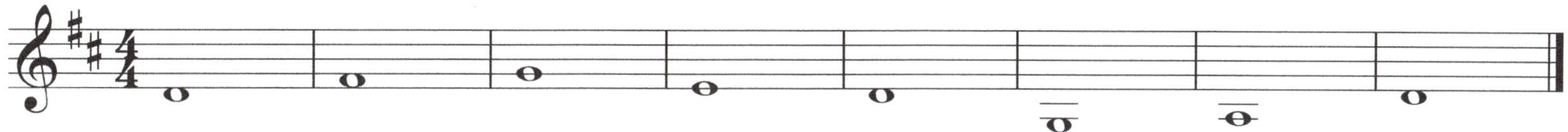

### 195. Melodía instantánea

*Utilizando las siguientes notas, improvisa tu propia melodía (línea A) que vaya de acuerdo con el acompañamiento (línea B).*

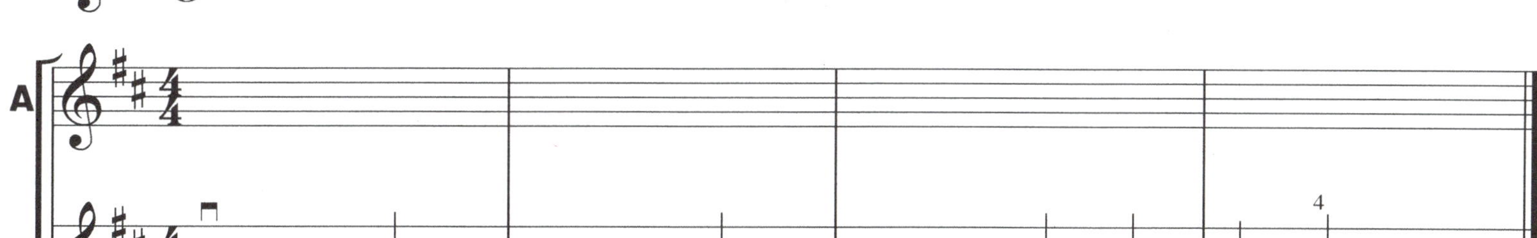


## TABLA DE DIGITACIÓN DEL VIOLÍN

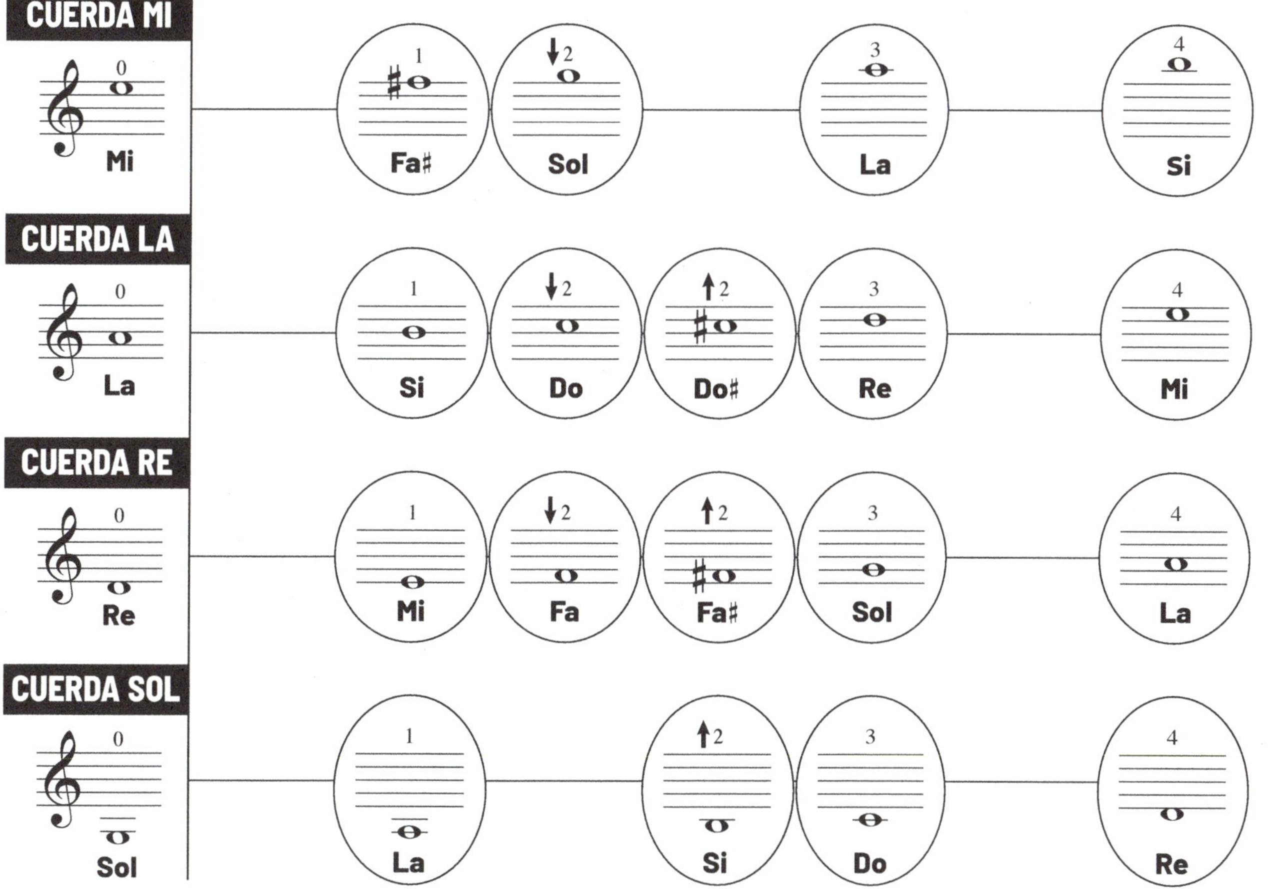

# ÍNDICE de REFERENCIA

## Definiciones (páginas)



## Compositores



## Música del Mundo